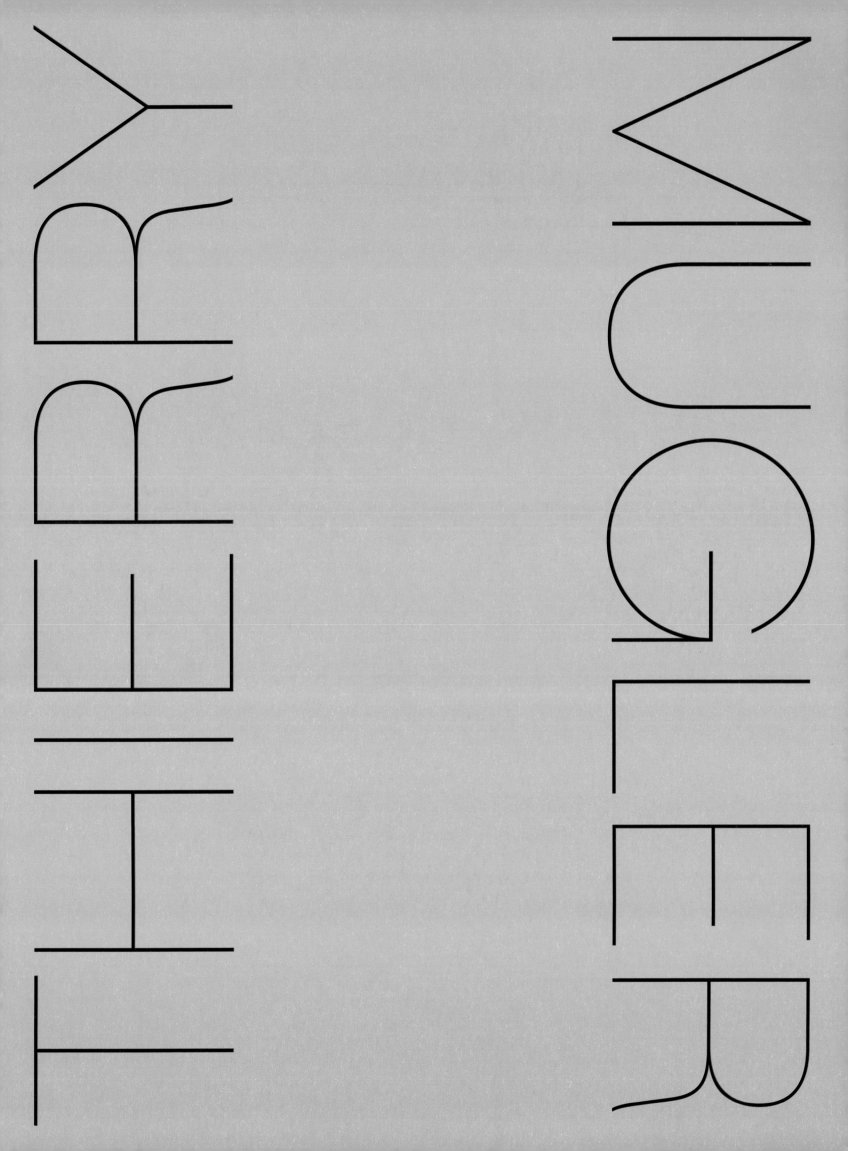

THIERRY MUGLER

EDITED BY /
SOUS LA DIRECTION DE

THIERRY-MAXIME
LORIOT

THIERRY
MUGLER

MUSÉE DES ARTS
DÉCORATIFS

Brooklyn Museum

Cet ouvrage a été publié à l'occasion de l'exposition *Thierry Mugler. Couturissime*, présentée au musée des Arts décoratifs, à Paris.

Une exposition conçue, produite et mise en itinérance par le Musée des beaux-arts de Montréal (MBAM) en collaboration avec la maison Mugler, qui a restauré le patrimoine couture et prêt-à-porter exposé.

This book was published on the occasion of the exhibition *Thierry Mugler. Couturissime*, presented at the Musée des Arts Décoratifs, in Paris.

An exhibition initiated, produced and toured by the Montreal Museum of Fine Arts (MMFA) in collaboration with the Maison Mugler, which restored the couture and ready-to-wear heritage on display.

Présentée avec le soutien de la maison Mugler
Presented with the support of Maison Mugler

MUGLER

WORLD TOUR

Montreal Museum of Fine Arts /
Musée des beaux-arts de Montréal, Canada
03.02.2019 – 09.08.2019

Kunsthal Rotterdam, Pays-Bas / Netherlands
10.13.2019 – 03.08.2020

Hypo-Kunsthalle Munich, Allemagne / Germany
05.25.2020 – 04.13.2021

Musée des Arts Décoratifs, Paris
09.30.2021 – 04.24.2022

Brooklyn Museum, USA
11.18. 2022 – 05.07.2023

LES ARTS DÉCORATIFS

Président
Johannes Huth

Directrice générale
Sylvie Corréard

Directrice des musées
Christine Macel

Directeur de la production
et du développement international
Yvon Figueras

Directeur de la communication
Olivier Hassler

BROOKLYN MUSEUM

The Brooklyn presentation is coordinated by Matthew Yokobosky, Senior Curator of Fashion and Material Culture, Brooklyn Museum.

Anne Pasternak, Shelby White and Leon Levy Director

KP Trueblood, President and Chief Operating Officer

Laval Bryant-Quigley, Director of Marketing

Samantha Cortez, Senior Registrar, Exhibitions and Loans

Sarah DeSantis, Director, Digital Collections and Services

Sara DeYoung, Director, Visitor Experience and Engagement

Dolores Farrell, Director of Exhibition Planning

Kate Foley, Director of Merchandising and Retail Strategy

Catherine Futter, Director of Curatorial Affairs and Senior Curator of Decorative Arts

Joachim Hackl, former Associate Exhibition Designer

Beatrice Johnson, Exhibition Project Manager

Jim Kelly, Deputy Chief Operating Officer

Taylor Maatman, Director of Communications

Sharon Matt Atkins, Deputy Director for Art

Fabian Milburn, Chief of Staff and Chief Legal Officer

Adam O'Reilly, Director of Graphic Design

Elizabeth Ritger, Assistant Manager, Corporate Relations

Carolyn Royston, Deputy Director of Engagement

Lance Singletary, Director of Exhibition Design

Judy Sussman, Director of Corporate Relations

Audrey Walen, Director of Publications, Interpretation, and Editorial Services

Imani Williford, Museum Instructor/Curatorial Assistant, Photography, Fashion and Material Culture

EXPOSITION / EXHIBITION

Commissaire / Curator
Thierry-Maxime Loriot

Production à Paris
Jérôme Recours
Responsable du service des expositions

Anaïs David
Adjointe, chargée de production et de régie

Scénographie / Scenography
Scénographie originale et adaptation du Musée des beaux-arts de Montréal. Chacune des galeries immersives est le fruit d'une collaboration avec des artistes designers et des scénographes de talent.
Original scenography and adaptation by the Montreal Museum of Fine Arts. Each of the immersive galleries is the result of a collaboration with talented designer artists and scenographers.

Métamorphoses / Métamorphosis
Installation immersive / Immersive installation Rodeo FX, Montréal : Éric Bolduc, Dominic Daigle, Nabilah Dodat, Isabelle Langlois, André Ü Montambeault, Sébastien Moreau, Marie-Josée Paradis, Frédéric St-Arnaud, Élise Voyer

Couture gynoïde / Fembot Couture
Installation par / by Philipp Fürhofer, Berlin

Salle «Parfums» / 'Perfumes' gallery
Sur une idée de / Based on an idea from Manfred Thierry Mugler
Production : FABRIQUE.66 – Antoine Plazanet

Belle de jour / belle de nuit
Chandeliers en cristal Swarovski réalisés par / Swarovski Crystal chandeliers by Tord Boontje, Londres

Helmut Newton & Mugler
Fondation Helmut Newton, Berlin

La Dissolution de Lady Macbeth / The Dissolution of Lady Macbeth
Creation
Michel Lemieux, Montréal
Production
Lemieux Pilon 4D Art, Montréal
Video postproduction and creation: Silent Partners Studio Montreal
Industrial design: Jean-François Beaudoin
Dress framework design: ASP Design
Production: Marie-Christine Dufour
Artistic direction assistance: Jean-Frédéric Bergeron-Poudrier
Film team photo direction: Jean-François Gratton
Assistant cameraman: Alexandre Couture
Choreography: Julie Perron
Dance: Alexia Martel
Sound recording: Padraig Buttner-Schnirer, Olivier Gagnon
Hair/makeup: Amélie Thomas
Dressing: Priscilla Drouin
Machinists: Hugo Bourque, Karl Labrie
Music credits: Jóhann Jóhannsson
Touring adaptation: Louis-Pierre Morin

Mannequins
Conception par / by
Hans Boodt Mannequins, Rotterdam : Marco Ouwerkerk, Wendy Ouwerkerk, Harro Morée, Coen Viguurs

Responsable / Head of Archives
Thierry Mugler : Marion Bourdée
Petites mains : Anita Bossinade, Alette Noordegraff & Ischa Stuart

CATALOGUE

Responsable du pôle éditions et images / Head of Publications, Les Arts Décoratifs
Chloé Demey

Coordination éditoriale / Editorial Coordination
Iris Aleluia

Iconographie / Iconography
Thierry-Maxime Loriot

Traduction / Translations
Mélissa Veilleux, Bronson Whitford

Relecture des textes anglais / Proof reading English texts
Bronson Whitford

Relecture des textes français / Proof reading French texts
Lorraine Ouvrieu

Design
Paprika, Montreal
Daniel Robitaille
www.paprika.com

REMERCIEMENTS

Nous remercions très chaleureusement L'Oréal et ses équipes, qui ont généreusement soutenu cette exposition, en particulier messieurs Nicolas Hieronimus et Cyril Chapuy.

Nos remerciements les plus amicaux vont à Manfred T. Mugler pour son implication, son énergie et ses idées toujours novatrices.

Un remerciement sincère à Nathalie Bondil, ancienne directrice et conservatrice en chef du Musée des beaux-arts de Montréal, qui a initié ce projet.

Cette exposition n'aurait pu être menée à bien sans le soutien décisif et bienveillant de la maison Mugler et de sa présidente, Sandrine Groslier, ainsi que son équipe, en particulier David Manessi-Souffan, son directeur de la communication,

Pascal Conte-Jodra
Christophe de Lataillade
Myriam Azema
Bertrand Le Gall
Marion Bourdée

PRÊTEURS / LENDERS

Maison Mugler
Centre national du costume de scène, Moulins:
Delphine Pinasa, Sylvie Richoux, Petra Vlad, Sara Lamothe
Helmut Newton Foundation:
Matthias Harder, Manfred Heiting, Ulrike Neumann
Friedrichstadt-Palast, Berlin
Galerie Andrea Caratsch: Andrea Caratsch
Institut national de l'audiovisuel: Dominique Thiercelin
K-Wet Production
Rocco Moroy de Jerphanion
Noirmontartproduction:
Jérôme et Emmanuelle de Noirmont
Neil Tennant
Cirque du Soleil
Swarovski: Markus Langes-Swarovski, Carla Rumler, Verena Koetzle, Sandra Schiestl
Tord Boontje

Nous souhaitons remercier tous les photographes, les personnalités, les mannequins et les équipes qui ont permis de réaliser les images emblématiques du travail de Thierry Mugler pour le catalogue et pour l'exposition.

We would also like to sincerely thank all the photographers, the personalities, the models and the teams of professionals who contributed to creating photographs for the catalogue and the exhibition.

Mert Alas & Marcus Piggott: Niccolo Pacilli
Louise Alexander Gallery: Frederic Arnal
Joey Arias
Brian Aris Studio: Matthew Archer
Art + Commerce: Michael Van Horne
Ahmad Barber & Donté Maurice
Les Ateliers: Gaël Labbé
Louie Banks
Guy Bourdin Estate
Brad Branson Estate
Gisele Bündchen
Bobby Campbell
Stefano Canulli
CLM Management New York: Nick Bryning, Liz Silver
DCA Management Paris: David Chapuis
Marco de Swart
Céline Dion
Atelier Robert Doisneau: Francine Deroudille
Julio Donoso
Douglas Brothers
Diane Dufresne, Richard Langevin
Arthur Elgort Studio, Elizabeth Covintree
EVU Studio: Clara Rea
Stéphane Feugère
Joe Gaffney
Christian Gaultier
Pierre Gayte
Matthias Harder
Lady Gaga
General Idea (AA Bronson, Felix Partz, Jorge Zontal): Sholem Krishtalka
Jacques Giaume
Pierre et Gilles, Sylvie Flaure
Jean-Paul Goude, Virginie Laguens
Jean-François Gratton
Wilfrid Gremillet
Patrick Ibanez
Iconoclast Image: Ravo Adiba, Felix Mondino
Indüstria (Brad Branson & Fritz Kok)
Kat Irlin
Dominique Issermann, Vincent
Bruno Jarret
Steven Klein, Adam Sherman
Peter Knapp Studio: Audrey Hoareu
Fritz Kok

Paola Kudacki, Kyrre Kristoffersen

Kunsthalle Munich and team

Kunsthal Rotterdam and team

Karl Lagerfeld: Pauline Berry, Mélanie Sebag

Inez van Lansweerde & Vinoodh Matadin

David LaChapelle

David LaChapelle Studio: Johnny Byrne, Ghretta Hynd, Kumi Tanimura

Ivan Lacroix

Emil Larsson

Donation Jacques-Henri Lartigue: Charles-Antoine Revol

Thierry Le Gouès

Les Cyclopes: Damien Bénéteau

Sydney Lopez

Luigi & Iango

Ali Mahdavi

Madonna

Alix Malka

Jean-Baptiste Mondino

Pépé Muñoz

Condé Nast France: Caroline Berton

Helmut Newton Foundation Berlin

Norma Agency: Jesusa Iglesias

Mr Pearl

Markus Pritzi

Productions Feeling: Sylvie Beauregard, Denis Savage, Lina Attisano

Dean Rhys Morgan

The Herb Ritts Foundation: Mark McKenna, Frank Considine

Paolo Roversi

Nicolas Ruel, Jean Blais

Albert Sanchez

Stéphane Sednaoui

Sony Music: Dave Platel, Émilie Gagné

Emma Sjöberg

SLAM

Patrice Stable

Alan Strutt

Studio Luce: Anna Hägglund

The Only Agency: Jose L. Duarte, Kent Belden

Daniel Torres

2B Management: Sandrine Bizzaro, René Bosne

Tony Viramontes Archives

Mariano Vivanco, Junietsy de Marcos, Rosie Martin

VLM Studio: Marc Kroop

Reinier van der Aart

Ellen von Unwerth

Bruce Weber Studio: Nathan Kilcer, Hillery Estes

Sara Zambreno

Au musée des Arts décoratifs, nous remercions chaleureusement:

Le département des collections, en particulier Florence Bertin, Aude Mansouri et Myriam Teissier

Le service des expositions, en particulier Stéphane Perl et Fanny Rebours

La direction de la communication, en particulier François-Régis Clocheau, Anne-Solène Delfolie, Thibault Eldin, Fabien Escalona, Isabelle Mendoza, Jean-André Senailles, Alizée Ternisien et Isabelle Waquet

Le service mécénat et privatisation, en particulier Nathalie Coulon, Mélite de Foucaud et Laetitia Ziller

À la direction des musées: Liliia Polshcha

À la direction générale: Sophie Malville

Au Musée des beaux-arts de Montréal, nous remercions chaleureusement:

Le directeur général, Stéphane Aquin

La conservatrice en chef, Mary-Dailey Desmarais, ainsi que la chef de l'administration des expositions, Carolina Calle Sandoval et Sylvie Ouellet, coordinatrice de l'exposition

Le service de la production des expositions, dirigé par Natalia Bojovic, en particulier Caroline Pou, Lilly-Doris Panzou, Maxime Archambeault, Michel Hébert et Olivier Laprise

Le service des éditions, dirigé par Sébastien Hart, en particulier Linda-Anne D'Anjou

Le département des communications, dirigé par Pascale Chassé, en particulier Marie-Claude Lizée, Patricia Lachance et Maude N. Béland.

Organisé par

MUSÉE DES BEAUX-ARTS MONTRÉAL

Avec la participation de

MUGLER

Commanditaires de la tournée internationale

HANS BOODT. MANNEQUINS   CHRISTIE   TOURISME / MONTRÉAL

Avec le soutien des Friends of the Musée des Arts Décoratifs

Couverture / Cover
Alan Strutt, *Yasmin Le Bon,
Palladium* (Londres / London),
Evening Standard, 1997.
Collection *Chimère,* haute
couture AH / FW 1997-1998.
Robe fourreau avec corset
articulé doré fait d'écailles
brodées de strass, de
cristaux, de plumes et de crin,
collaboration Jean-Jacques
Urcun et Mr Pearl. / Sheath
with articulated corset
of embroided rhinestones,
feathers, crystals and
horsehair, collaboration
Jean-Jacques Urcun & Mr Pearl.

1
Jacques-Henri Lartigue, *Louise
Robey, Vogue Paris,* 1979.
Collection *Spirale futuriste,*
prêt-à-porter AH / FW 1979-1980.

2
Arthur Elgort,
*Mikhaïl Baryshnikov
et Isabelle Townsend* /
*Mikhail Baryshnikov
& Isabelle Townsend*,
Vogue Paris, 1985.
Collection *Hiver russe*,
prêt-à-porter AH / FW
1986-1987.

3
Thierry Mugler, *Anne-Marie,
Grand Palais* (Paris), 1980.
Collection *Spirale futuriste*,
prêt-à-porter AH / FW
1979-1980.
Corset en métal et jupe en
mousseline. / Metal corset
with muslin skirt.

4
Jean-Paul Goude, *Thierry Mugler, Vogue Paris*, 1998.

5
Thierry Mugler, *Claude Heidemeyer, Opéra Garnier* (Paris), 1986.

6
Thierry Mugler, *Estelle Lefébure, Angel* (New York), 1992.

4

Thierry Mugler, l'un des créateurs les plus inventifs du siècle dernier, s'est basé sur son expérience de danseur de ballet et sur sa connaissance détaillée du corps humain pour concevoir ses vêtements aux constructions complexes. Soulignant et amplifiant sans vergogne une silhouette voluptueuse, ses créations évoquent des images de super-héroïnes, rappelant Eartha Kitt en Cat Woman et Jane Fonda en Barbarella. Son style célébrait la forme féminine et le pouvoir de la femme. Il s'est aussi fait connaître pour avoir exploré les limites du design et de la fabrication de mode, intégrant souvent des matériaux non conventionnels, tels que le PVC et le latex, et des techniques innovantes comme la création de «fourrure» à partir de plumes, ainsi que des matériaux traditionnels modernisés, pour inventer de nouveaux «looks» pour tous. Le casting inclusif de Mugler et son soutien aux initiatives sociales en ont fait un héros des communautés LGBTQIA+.

Nous sommes fiers d'être le cinquième, et unique musée américain, présentant l'exposition itinérante du créateur, organisée par Thierry-Maxime Loriot avec Mugler, et coordonnée pour cette étape à Brooklyn, en collaboration avec Matthew Yokobosky, conservateur mode et culture matérielle de notre musée. Depuis l'inauguration de *Thierry Mugler: Couturissime* en 2019, l'exposition a été vue par plus d'un million de visiteurs au Canada, aux Pays-Bas, en Allemagne et en France.

Cette exposition rassemble plus de 120 créations exceptionnelles de Mugler provenant principalement des archives de Mugler. Ces créations originales et fragiles ont été magnifiquement restaurées spécialement pour cette exposition, la plupart exposées au public pour la première fois. La conception immersive de l'exposition amplifie les sources d'inspiration de Mugler, des aspects métamorphiques de la nature, sur terre et dans la mer, aux formes artistiques créées par l'homme, telles la conception d'automobiles et de robots. De même, l'exposition présente des photographies de ses muses vêtues de ses créations dramatiques dans des lieux et des décors architecturaux spectaculaires, prises par Mugler, ainsi que par Helmut Newton et leurs contemporains. Tout cela coïncide avec les 30 ans de *Angel*, son parfum «gourmand» lancé en 1992 et qui a connu un succès fulgurant.

La première conversation de Matthew avec Manfred T. Mugler pour présenter cette exposition à Brooklyn remonte à l'automne 2018, et nous avons eu le cœur brisé à son décès en janvier 2022. Cette exposition n'est possible que grâce à la merveilleuse collaboration de nombreuses personnes, en particulier son commissaire général, Thierry-Maxime Loriot. L'exposition a débuté au Musée des beaux-arts de Montréal sous la direction de Nathalie Bondil et s'est poursuivie sous l'actuel directeur, Stéphane Aquin, à qui nous sommes extrêmement reconnaissants, ainsi qu'à Carolina Calle Sandoval, responsable de l'administration des expositions. Nous tenons également à remercier nos partenaires dans la présentation de *Thierry Mugler: Couturissime*, Sandrine Groslier et David Manessi-Souffan chez L'Oréal Luxe.

Manfred T. Mugler disait: «La mode n'est rien; la mode n'existe pas. Qui se soucie des tendances et de tout ça? La seule chose qui compte, ce sont ces petites astuces qui sont à notre disposition, pour nous aider à avoir plus de plaisir et une vie meilleure.» En effet, il appréciait la vie et toutes ses variations, et nous savons que cette exposition nous procurera à tous une joie bien nécessaire et une bonne dose d'inspiration en ces temps difficiles.

Anne Pasternak
Shelby White and Leon Levy Director
Brooklyn Museum

Thierry Mugler—one of the most inventive designers of the past century—took his experiences as a ballet dancer and detailed knowledge of the human body and utilized them as the foundation for his intricately constructed clothing. Unapologetically emphasizing and amplifying an hourglass silhouette, his clothes summon images of superheroines, calling to mind Eartha Kitt as Cat Woman and Jane Fonda as Barbarella. His was a style celebrating the female form and woman power. Along the way, he became known for exploring the limits of fashion design and fabrication, often incorporating unconventional materials, such as PVC and latex, and techniques, such as creating 'fur' from feathers, along with traditional materials, to invent bold new 'looks' for all people, all women. Mugler's inclusive runway casting and support for social initiatives has made him beloved by LGBTQIA+ communities.

We are proud to be the fifth, and only U.S. venue of the designer's touring exhibition, curated by Thierry-Maxime Loriot with Mugler, coordinated for the Brooklyn Museum presentation in collaboration with Matthew Yokobosky, Senior Curator, Fashion and Material Culture. Since *Thierry Mugler: Couturissime* opened in 2019, the exhibition has been seen by over one million viewers in Canada, the Netherlands, Germany, and France.

This exhibition brings together over 120 of Mugler's exceptional designs culled primarily from the Mugler archives. These original and fragile creations were beautifully prepared and restored especially for this exhibition, the majority on public view for the first time. The immersive exhibition design amplifies Mugler's sources of inspiration, from the metamorphic aspects of nature in the sky, on land, and in the sea to the man-made arts, such as automobile and robot design. Likewise, the show features photographs of his muses clad in his dramatic original designs in spectacular locations and architectural settings, shot by Mugler, as well as Helmut Newton and a bevy of their contemporaries. And it is timed with the 30th anniversary of *Angel*, his 'gourmand' fragrance launched in 1992 that has had meteoric success.

Matthew's first conversation with Manfred T. Mugler to bring this exhibition to Brooklyn was in the fall of 2018, and we were brokenhearted at his passing in January 2022. This show is only possible due to the wonderful collaboration of many people, especially curator Thierry-Maxime Loriot. The show began at the Montreal Museum of Fine Arts under the direction of Nathalie Bondil and continued under the current director Stéphane Aquin, to whom we are extremely grateful, as well as Carolina Calle Sandoval, Head of Exhibition Administration. We also wish to thank our partners in the presentation of *Thierry Mugler: Couturissime*, Sandrine Groslier and David Manessi-Souffan at L'Oréal Luxe.

As Mugler said, "Fashion is nothing; fashion doesn't exist. Who cares about trends and all that stuff? The only thing that matters is these little tricks that are at our disposal, to help us have more fun and a better life." Indeed, Thierry Mugler enjoyed life and all its variations, and we know this exhibition will give us all much needed joy and a healthy dose of inspiration during these challenging times.

Anne Pasternak
Shelby White and Leon Levy Director
Brooklyn Museum

THIERRY MUGLER,
LA MODE COMME ŒUVRE
D'ART TOTALE

Au fronton du pavillon de la Sécession, à Vienne, le mot d'ordre claque en lettres d'or sur le linteau blanc : «*Der Zeit ihre Kunst. Der Kunst ihre Freiheit*», «À chaque époque son art, à l'art sa liberté». Construit entre 1897 et 1898 par Josef Maria Olbrich, ce pavillon est un lieu manifeste de toutes les ruptures désirées et des avenirs ardemment souhaités, par des artistes aussi différents que Gustav Klimt ou Koloman Moser. Être de son temps, l'épouser et le transformer à la fois, le projeter dans des futurs possibles sans jamais abdiquer sa liberté. C'est ce que Thierry Mugler incarne dans l'histoire de la mode, de manière absolue, dès les premières années de la décennie 1970 et pendant plus de trente ans, avec une fascination croissante au fil du temps.

Le premier écueil à éviter serait celui de cantonner Thierry Mugler aux années 1980. Certes, à bien des égards, cette décennie est cruciale pour le monde de la mode : en quelques années se cristallisent autour de certains noyaux historiques, rescapés d'un monde où l'industrie textile représentait un poids considérable de l'économie française, ce qui deviendra plus tard les grands groupes de luxe français. Affranchie de ces constellations, l'étoile Mugler jouit de cette liberté infrangible dont les vrais créateurs ne peuvent accepter de se priver. Étoile filante même, qui dessine à elle seule une cosmogonie affolante. D'emblée, Thierry Mugler impose sa propre vision, d'une manière à la fois exigeante, nette et décidée. Il n'a de cesse d'aller là où personne ne l'attend : en mars 1984, le défilé intitulé *Hiver des anges* au Zénith à Paris fait l'effet d'un choc presque brutal dans un univers qui oscillait alors entre le côté feutré de l'entre-soi et la posture revendicative des marges. Dans maints défilés de haute couture, on s'ennuyait pesamment. Irréductible à aucun autre modèle, Thierry Mugler offre un spectacle en tant que tel, mêlant toutes les sensations, l'image de silhouettes inoubliables, la musique, la mise en scène, une chorégraphie singulière. La mode est plus que jamais une œuvre d'art totale, ce *Gesamtkunstwerk* cher à Wagner dont Mugler n'ignore rien : mélomane averti, culture érudite de germaniste, souvenirs anciens d'une adolescence strasbourgeoise et de premiers pas de danseur de ballet à l'Opéra du Rhin. L'année suivante, c'est *Macbeth* dans la cour du palais des Papes à Avignon. Administrateur général de la Comédie-Française, Jean-Pierre Vincent qui dirige cette mise en scène historique fait appel à Thierry Mugler pour en concevoir les costumes, un ensemble dont la force hallucinante amplifie le drame qui se joue. La mode conquiert le rang d'art majeur : en octobre 1984, fait sans précédent, le président François Mitterrand reçoit au palais de l'Élysée le monde de la mode. Sur la photographie, on reconnaît Madame Grès et Isabelle Huppert, tandis que le ministre de la Culture Jack Lang semble veiller sur la scène, encadré par Pierre Bergé et Thierry Mugler, parfaite incarnation du renouvellement de la scène parisienne et de sa renaissance à l'échelle internationale. Peu de temps auparavant a été actée la création d'un musée des Arts de la mode, au sein de l'Union centrale des arts décoratifs, dans ce pavillon de

7
Slam, *Lady Gaga* (Paris), 2009.
Collection *Les Insectes*, haute couture PE / SS 1997. Bustier brodé de perles métalliques, collaboration avec Mr Pearl. / Embroided metallic futuristic bustier, collaboration with Mr Pearl.

8
Réception au palais de l'Élysée / Reception at the Élysée Palace (Paris), 1984. Derrière François Mitterrand, de gauche à droite : / Behind François Mitterrand, from left to right: Madame Grès, Jean Paul Gaultier, Anouk Aimée, Isabelle Huppert, Thierry Mugler, Jack Lang, Pierre Bergé, Danielle Mitterrand.

Marsan qui est la proue du musée des Arts décoratifs vers le jardin des Tuileries. En 1985, c'est en costume à col Mao que Jack Lang se présente dans l'hémicycle de l'Assemblée nationale. Thierry Mugler l'a dessiné avec son sens de la rigueur dans la construction et les proportions, une silhouette intemporelle qui fait immédiatement scandale – elle est dorénavant une œuvre iconique des collections du musée des Arts décoratifs.

Osera-t-on dire que ces épisodes forment les passages obligés de toute biographie de Thierry Mugler ? Un exercice bien plus délicat qu'il n'y paraît, car l'homme, comme tous ceux qui se mettent en scène, reste souvent pudique. Quand d'autres créateurs abondent le dictionnaire des citations, Mugler reste concis et discret, les collections parlent pour elles-mêmes, elles expriment des moments de mode devenus essentiels pour l'histoire, et ce dès ses premiers modèles pour la maison Gudule, puis très vite sous son propre nom : là où trop rapidement on résume les silhouettes de la femme Mugler à un certain dessin d'épaule, ample et très structuré, on perçoit dès le début des années 1970 que Thierry Mugler propose autre chose, une véritable «glamazone» qui dépasse la simple *working girl*, en ajoutant poésie

8

et force onirique à l'allure de la femme moderne. Déjouant les pièges d'une lecture sommaire, celle du fétichisme et de la sexualisation, Thierry Mugler met d'abord en exergue la liberté et l'émancipation. Dans un entretien inattendu paru dans le *New York Times* en 1994, Linda Nochlin, historienne de l'art et féministe engagée, ne s'y trompe pas, confiant son admiration pour ces femmes Mugler «qui s'approprient leur sexualité, d'une manière qui n'est pas exagérée mais […] grandiose. […] Je trouve ça extrêmement intéressant sur le plan politique parce que ça ébranle complètement nos concepts de féminité ». Aller au-delà des apparences, donner aux femmes confiance et élan, ce *leitmotiv* ne quitte plus Mugler, de l'aventure de Créateurs et Industriels sous l'impulsion de Didier Grumbach à cette véritable renaissance de la haute couture qu'il initie en rejoignant la Chambre syndicale en 1997, avec un panache qui en laisse pantois plus d'un. Jusqu'à sa décision de quitter sa propre maison en 2002, ce sont des années magiques qui livrent un

exemple rare, si ce n'est unique, celui de couronner une carrière de créateur en un feu d'artifice d'idées novatrices, de recherches incessantes, d'imagination illimitée, avec une force et une énergie que l'on trouve d'habitude plutôt chez ceux qui débutent avec la rage de réussir.

Aussi est-ce un tour de force que de vouloir évoquer ces dizaines de vies qui forment un même destin en une seule exposition, d'éviter de panthéoniser un créateur qui incarne de manière existentielle, charnelle même, la dynamique vitale de la création, la mode à son meilleur, de refuser de classer une personnalité hors pair sous une étiquette sommaire. Thierry Mugler est un inventeur virtuose de formes, le narrateur d'histoires fantastiques, baignées de visions futuristes et de connaissances artistiques profondes, où se mêlent le constructivisme russe et le Hollywood des années 1940, une approche élitiste et aristocratique de la perfection et une capacité incroyable à s'ancrer dans la culture populaire, ce qui est réservé à peu d'artistes. Un musée est là pour donner à voir et à admirer, pour faire comprendre et connaître, mais aussi pour lever le voile sur d'autres réalités et donner des clés pour découvrir un phénomène artistique, un moment de création, un fait de société. Face à une figure aussi protéiforme et éclectique au sens le plus noble du terme, il s'agissait de réunir les différentes facettes en un merveilleux kaléidoscope, à l'image fidèle du sujet : montrer l'œuvre de Thierry Mugler n'autorise aucune impasse. La photographie y joue un rôle majeur depuis que, excédé par les commentaires du couturier sur un shooting, Helmut Newton, son *partner in crime* de tant de fameuses campagnes photographiques, lui a tendu son appareil pour le laisser composer et cadrer comme il l'entend. L'art du parfum en est une expression incontournable, perpétuant l'univers olfactif qu'il a révolutionné en arpentant les possibles offerts par son infatigable quête d'une fragrance gourmande, appétissante même : il y a avec *Angel*, lancé en 1992, un avant et un après dans l'histoire de la maison et dans celle du parfum. On regrette qu'il reste si peu de traces de son appartement des Buttes-Chaumont, presque vide, tout consacré aux variations de lumière et de chromatismes, comme une

immense installation de James Turrell, ou de l'incroyable boutique de la place des Victoires que lui conçoit Andrée Putman en 1978. À sa passion pour le design et l'architecture on pourrait encore ajouter la musique, les clips, les films, les campagnes de publicité, les accessoires. Thierry Mugler, devenu Manfred, est aussi performeur et chorégraphe, créateur de spectacles insensés au succès mondial.

C'est autant à la découverte d'un monde que d'une exposition que sont invités visiteurs et lecteurs à travers l'exposition *Thierry Mugler. Couturissime*, imaginée avec brio et intelligence par l'historien de la mode et commissaire Thierry-Maxime Loriot, et produite par le Musée des beaux-arts de Montréal, dont je salue les équipes et le directeur, Stéphane Aquin. Que l'on me permette d'y associer le souvenir d'une conversation impromptue avec Nathalie Bondil, son ancienne directrice, qui sut me faire partager son enthousiasme une nuit quelque part entre Paris et Abu Dhabi. Le musée des Arts décoratifs est fier d'accueillir la version parisienne de l'exposition, repensée dans son parcours et adaptée aux galeries de la mode Christine et Stephen A. Schwarzman, inaugurées en février 2020. Cette exposition n'aurait pu être menée à bien sans le soutien décisif et bienveillant de la maison Mugler et de sa présidente, Sandrine Groslier, ainsi que de toutes ses équipes et de celles du groupe L'Oréal. Qu'elles soient ici très chaleureusement remerciées. Il m'est aussi un grand plaisir que de remercier très amicalement nos Friends of the Musée des Arts Décoratifs, et tout particulièrement un couple de donateurs qui a accepté de soutenir ce projet avec générosité et fidélité.

10

Au seuil de ce livre, c'est enfin à Manfred que vont mes très vives pensées. Chaque exposition est une audace, et pour un créateur vivant cela signifie s'exposer au regard du public. À cela il n'y a rien d'une évidence, même quand on est un homme de spectacle. Montrer cette exposition à Paris, ce n'est pas signer le retour de Thierry Mugler comme le génie des lieux, mais plutôt rappeler que la créativité est la clé de tout, c'est rendre hommage à un homme sans qui l'histoire de la mode n'aurait certainement pas été la même, lui qui a reconnu très tôt le talent de son ami Azzedine Alaïa, lui qui a inspiré à John Galliano ou à Alexander McQueen leur propre voie. En somme, une exposition comme un très juste retour des choses.

9
Robert Doisneau, *Isabelle Huppert* (Paris), 1985.
Collection *Été pop*,
prêt-à-porter PE / SS 1985.

10
Robert Doisneau, *Andrée Putman & Thierry Mugler* (Paris), 1985.

11
Herb Ritts, *Thierry Mugler* (Londres / London), 1990.

Olivier Gabet
Directeur du musée des Arts décoratifs jusqu'au 31 août 2022

THIERRY MUGLER –
FASHION AS A
TOTAL WORK OF ART

Above the entrance to the Secession Building in Vienna, the motto in golden letters on the white lintels calls out: '*Der Zeit ihre Kunst. Der Kunst ihre Freiheit*', which translates to 'To every age its art, to every art its freedom'. Constructed between 1897 and 1898 by Josef Maria Olbrich, the building is an obvious site for the ruptures and futures ardently desired by artists as varied as Gustav Klimt and Koloman Moser. To be of one's time, to simultaneously embrace it and transform it, to project it in possible futures without ever renouncing one's freedom: this is what Thierry Mugler represents in the history of fashion, in an absolute manner, from the early 1970s for a period of over thirty years, with an ever-increasing fascination.

The first pitfall to avoid would be to confine Thierry Mugler to the 1980s. Indeed, in many ways, that decade was crucial for the fashion world: in the span of a few years, gathering around some historic nodes, the survivors of a world where the textile industry had considerable weight in the French economy emerged to become the great French luxury brands. Freed from these constellations, the Mugler star enjoyed the infrangible freedom that real creators cannot give up. Mugler is even a shooting star, one who draws a bewildering cosmogony on its own. From the outset, Thierry Mugler imposed his vision, in a way that was demanding, clear and determined all at once. He always went where no one expected him: in March 1984, the *Hiver des anges* fashion show at the Zénith in Paris created a bombshell in a world that fluctuated between the intimateness of social grouping and the opposition of the disenfranchised. Many of the haute couture shows of the time were crushingly boring. Irreducible to no other model, Thierry Mugler offered a real extravaganza, appealing to all senses with images of unforgettable silhouettes, the music, the production and the choreography. More than ever, fashion was a total work of art, the *Gesamtkunstwerk* so dear to Wagner that had been fully taken in by Mugler: a discerning music lover, highly educated in Germanist culture, with old memories of his adolescence in Strasbourg and his first ballet steps at the Opéra national du Rhin. The following year, *Macbeth* was presented in the Palais des Papes courtyard in Avignon. Jean-Pierre Vincent, the general administrator of the Comédie-Française who directed this historic staging, called on Thierry Mugler to design the costumes, whose vivid power would amplify the unfolding drama. Fashion was elevated to the rank of a major art form: in October 1984, French President François Mitterrand received the fashion world at the Élysée Palace, an unprecedented event. The photograph shows Madame Grès and Isabelle Huppert, as Minister of Culture Jack Lang seems to watch over the scene, flanked by Pierre Bergé and Thierry Mugler, a perfect incarnation of the renewal and renaissance of Paris on the international stage. Shortly before that event, a museum of fashion arts was established as part of the Union centrale des Arts décoratifs, in the Pavillon de Marsan which has become the prow of the Musée des Arts Décoratifs in the direction of the Tuileries Garden. In 1985, Jack Lang appeared at the French National Assembly wearing a Mao collar suit. Thierry Mugler had designed it by applying his thoroughness to the construction and the proportions, creating a timeless silhouette that immediately caused a scandal—and is now an iconic piece in the collection of the Musée des Arts Décoratifs.

Are these episodes mandatory in every Thierry Mugler biography? The question is much trickier that might be assumed, because the man, like all those who take centre stage, often remains coy. Where other creators fill books of quotations, Mugler stays concise and discreet. His collections speak for themselves, expressing fashion moments that have become essential parts of history, from his very first clothes at the Gudule boutique and very soon after under his own name. It would be hasty to summarise the Mugler woman as a certain type of shoulder, wide and highly defined: as far back as the early 1970s, it can be seen that Thierry Mugler proposed something else, a veritable *Glamazon* that goes beyond the simple working girl, by adding poetry and a dreamlike force to the appearance of the modern woman. Avoiding the pitfalls of a short interpretation biased towards fetishism and sexualisation, Thierry Mugler pushed freedom and emancipation to the forefront. In an unexpected interview published in the *New York Times* in 1994, art historian and engaged feminist Linda Nochlin makes no mistake about it, expressing her admiration for these Mugler women: 'These are women who appropriate their own sexuality, in a manner that's not exaggerated but [...] grandiose. [...] That I find politically extremely interesting, because it shakes up our ideas of femininity altogether.' To go beyond appearances and to give women confidence and momentum, this became a *leitmotiv* of Mugler, from the adventure of Créateurs et Industriels under the impulsion of Didier Grumbach to the full renaissance of haute couture he initiated with fascinating panache upon joining the Chambre syndicale in 1997. Up until the decision to leave his own house in 2002, these are magical years that present a rare, if not unique, example of a creative career sparkling with fireworks of innovative ideas, continual research and unbridled imagination, and a strength and determination more commonly found in newcomers with the rage to succeed.

It is quite a tour de force to evoke in an exhibition these dozens of lives that make up a single destiny, to avoid pantheonising a creator that represents in an existential, even earthly sense the vital dynamics of creation, of fashion at its best, to not categorise a peerless figure under a summary label. Thierry Mugler is a virtuoso inventor of shapes, the narrator of fantastic stories lit with futuristic visions and profound artistic knowledge, where Russian constructivism and the Hollywood of the 1940s mingle, an elitist and aristocratic approach to perfection and an incredible ability to take root in popular culture, a talent shared by very few artists. Museums exist to showcase and to strike awe, to make something known and understood, but also to lift the veil on other experiences and to give tools to discover an artistic phenomenon, a moment of creation, a social reality. With such a multifaceted and eclectic—in the noblest sense of the term—figure, our objective was to bring together various facets in a wonderful kaleidoscope, a faithful image of the subject: there can be no stumbling block to presenting the works of Thierry Mugler. Photography has been a major component of these since the time where, exasperated by the couturier's comments during a shoot, Helmut Newton, his partner in crime in so many famous photo campaigns, gave Mugler his camera to let him compose and frame his shots as he wished. The art of perfume is another expression that cannot be ignored, as it perpetuates the olfactory

universe revolutionised by Mugler's exploration of possibilities in his tireless quest for a savoury gourmand fragrance: the launch of *Angel* in 1992 was a watershed in the history of both the house and perfume. Regrettably, few traces remain of the apartment near the Parc des Buttes Chaumont, which was practically empty, entirely dedicated to variations of light and colours, like an immense James Turrell installation, or of the incredible boutique at Place des Victoires that was designed for him by Andrée Putman in 1978. He has a passion not only for design and architecture, but also for music, videos, films, publicity campaigns, and accessories. Thierry Mugler, now Manfred, is equally a performer and a choreographer, the creator of wild shows that have enjoyed global success.

Visitors and readers are invited not only to see an exhibition, but to discover an entire world through the experience of *Thierry Mugler. Couturissime*, brilliantly imagined by fashion historian and curator Thierry-Maxime Loriot and produced by the Montréal Museum of Fine Arts, whose teams and director Stéphane Aquin I wish to thank. I am also reminded of an impromptu conversation with former director Nathalie Bondil, who shared with me her enthusiasm one night somewhere between Paris and Abu Dhabi. The Musée des Arts Décoratifs is proud to host the Paris version of the exhibition, whose layout has been made over and adapted to the Galeries de la Mode Christine et Stephen A. Schwarzman, opened in February 2020. This exhibition would not have been possible without the crucial and thoughtful support of Maison Mugler and its president Sandrine Groslier, as well as all the teams including those of the L'Oréal Group. Our heartfelt thanks go out to them all. It is also with great pleasure that I extend my thanks to the Friends of the Musée des Arts Décoratifs, in particular to a donor couple who generously and faithfully accepted to support this project.

Finally, at the threshold of this book, my most vivid thoughts go to Manfred. Every exhibition is an audacious leap which, for a living creator, implies to expose oneself to the public eye. There is nothing simple about this, even for an artist. The arrival of this exhibition in Paris is not intended to signal the return of Thierry Mugler as a *genius loci*, but rather to remind that creativity is the key to everything. It is a tribute to a man without whom the history of fashion would have undoubtedly been different, who recognised early on the talent of his friend Azzedine Alaïa and who inspired John Galliano and Alexander McQueen to follow their own path. In short, this exhibition is a fitting return.

Olivier Gabet
Director, Musée des Arts Décoratifs until 31 August 2022

15

12-13
Collection *Sirène galactique*, prêt-à-porter PE / SS 1979. Ensemble en soie lamée Lurex de Diochon / Diochon Lurex-yarn lamé look top and trousers. Robe en soie lamée Lurex de Diochon. / Diochon Lurex-yarn silk lamé dress. Paris, musée des Arts décoratifs. Achat grâce au soutien de / Purchased with the support of Louis Vuitton, 2013, inv. 2014.2.2 & 2013.61.7.

14
Collection *Sirène galactique*, prêt-à-porter PE / SS 1979. Combinaison en peau métallisée. / Metallic-look leather jumpsuit. Paris, musée des Arts décoratifs. Achat grâce au soutien de / Purchased with the support of Louis Vuitton, 2015, inv. 2015.140.4.

15
Collection *Spirale futuriste*, prêt-à-porter AH / FW 1979-1980. Ensemble en cuir métallisé surpiqué. / Topstitched metallic-look leather top and trousers. Paris, musée des Arts décoratifs. Don de / Donated by Reinaldo Cardoso, 2005, inv. 2005.26.6.

THIERRY MUGLER

INTERVIEW

ARMES DE SÉDUCTION MASSIVE

Conversation entre Manfred T. Mugler et Thierry-Maxime Loriot,
commissaire de l'exposition, Berlin (2021).

Thierry-Maxime Loriot : Vous avez proposé une mode très libre, inclusive, provocante mais surtout un univers inédit qui a bouleversé la mode, avant de vous retirer du prêt-à-porter et de la haute couture au début des années 2000… Vous considérez, avec le recul, que vous aviez une vision anthropologique, voire prophétique de ce que serait la mode. Vous vouliez créer une mode qui soit un miroir de la société ?

Manfred T. Mugler : Mes visions ont toujours été basées sur l'être humain et la nature. Mes inspirations n'ont rien de politique, elles sont instinctives. Ce qui m'inspire avant tout, et depuis toujours, sont ses possibilités infinies, toutes les sortes de vie… La recherche de la beauté, toujours et encore, comment nous pouvons nous transformer, me fascine. Toutes les civilisations à travers les siècles sont une constante inspiration, la beauté du corps, le mouvement, la parure et, bien évidemment, la nature. Je n'ai jamais été un intello qui voulait passer des messages ou briser les codes, bien qu'au bout du compte ce fût le cas. Mon approche était de proposer l'étonnement, la découverte, des beautés plurielles, des êtres qui avaient le courage d'être eux-mêmes. Enfant, je voulais créer mon propre monde et y vivre, plus beau et plus magique, et c'est toujours le cas. Il y a de la beauté partout, il faut garder un œil ouvert sur ces multiples facettes et sur tous ces moments magiques, même infimes, sur le temps qui nous est alloué sur cette planète merveilleuse et insondable ; y travailler pour y apporter un peu plus de rêve en lui rendant hommage.

17

J'adore les personnalités extrêmes, elles existent et elles correspondent à ce que je souhaite exprimer. Mon approche très instinctive, évidente, ce n'est pas pour être transgressif. J'ai toujours été à la recherche de toutes les beautés. Peu importe les corps que je perfectionne, ils existent aussi sans mon intervention, mais je les surdimensionne, j'ajuste la taille, les épaules, la silhouette entière. Kim Kardashian en est un parfait exemple ; elle est une beauté callipyge, un idéal féminin éternel, presque antique. Partout dans le monde il y a des gens d'une beauté et d'une grâce extraordinaires, il faut leur donner une place. Je ne crois pas à une seule beauté. La beauté du corps, gros, petit, grand, maigre, etc., peu importe les tailles ou les types, s'il est harmonieux et sain, il faut surtout l'assumer et être en harmonie avec. Être heureux avec ce que l'on a, ou travailler pour le devenir, évidemment de bonnes proportions aident !

TML : Pourquoi avoir commencé l'aventure de la haute couture en 1992 ? Vous y présentiez des pièces autant minimales que maximales dans leur conception…

MTM : La haute couture était pour moi un autre outil, plus sophistiqué. Son côté minimaliste, mais somptueux, travailler pendant des mois pour perfectionner une pièce, pour une seule et unique femme, me fascinait. Déjà, des pièces haute couture, très élaborées, étaient présentes dans mes premiers défilés de prêt-à-porter. J'aimais jouer avec le caractère prétentieux et bourgeois de la haute couture, la faire évoluer. C'était le moment de montrer autre chose et de donner un nouveau souffle pour ne pas dire un coup de pied ! J'avais cette volonté de créer des pièces pour une mise en scène journalière de soi-même. Concevoir une robe apparemment «simple» mais très flatteuse était pour moi un exercice, afin d'atteindre la perfection. Haute couture ou pas, je voulais aller au bout des choses, comme une musique qui a besoin de *tempo*, une mise en scène rythmée, c'était un ricochet qui m'inspirait d'une collection à l'autre.

J'apprenais toujours de la collection précédente et elle guidait ce que serait la prochaine, pour aller encore plus loin ; raconter de belles histoires humaines de différentes façons avec différents supports. Lorsque l'on me disait que j'étais provocateur, je ne m'en rendais jamais compte sur le coup, mais après ! L'idée n'était pas de provoquer, mais de choquer dans le bon sens, secouer ce monde de la mode et les médias qui se prenaient un peu trop au sérieux. La «provoc» du coup était souvent là, c'était amusant de voir des bourgeoises et des journalistes un peu scandalisés.

TML : Vous contrôliez tous les aspects créatifs de vos collections, de vos photographies, mises en scène de défilés, allant des coiffures aux maquillages, des accessoires à la bande-son, mais aussi vos campagnes publicitaires. Qu'est-ce qui venait en premier, l'idée du vêtement ou l'histoire que vous souhaitiez raconter ?

MTM : Disons que ça se mordait la queue, l'un et l'autre à la fois ! Les défilés inspiraient la direction des photographies. J'ai toujours aimé les uniformes, le côté militaire glorieux, patriotique, les drapeaux, la parade, le cirque du pouvoir, les habits futuristes, la force de l'impact du vêtement, des costumes, mais c'est plutôt la beauté graphique et esthétique que la politique qui me plaît. Je n'allais pas en URSS ou ailleurs dans le monde pour faire un *statement* ou pour une idéologie. Mon but était de créer des images à couper le souffle dans des endroits incroyables, à l'époque inédits et encore peu accessibles, et parfaitement en accord avec mes créations ; aller chercher le décor parfait et de grande qualité. Je ne me suis jamais intéressé à la mode, mais plutôt à sa mise en scène au quotidien : apporter de la magie dans ce monde, créer des choses très abouties et raffinées. Dans des lieux et des décors exceptionnels mais vrais, aussi bien urbains que naturels, mes photographies offrent un point de vue vertigineux, un choix d'angle poétique. Elles proposent une réalité qui paraît irréelle, un monde magique.

TML : Vos archives sont très prisées, peu prêtées et encore moins exposées. Toute une jeune génération de stars, initiée par Lady Gaga et Beyoncé, suivies maintenant de Cardi B et de Kim Kardashian, porte vos tenues, toujours aussi convoitées, trente ou quarante ans plus tard...

MTM : C'est très touchant et très valorisant. Décidément, je ne faisais pas de la mode et je ne suivais pas les « tendances » ! Cela raconte une histoire et cela la perpétue en quelque sorte. J'aime voir les jeunes sur les réseaux sociaux qui s'inspirent de mon travail, c'est une émulation créative joyeuse de constater l'intemporalité, l'originalité et le « fait main » de mon travail.

TML : Votre mode ne s'inspire pas de l'histoire de la mode, mais plutôt de celle du cinéma et de la musique. Quelles sont vos plus grandes sources d'inspiration ?

MTM : La grande époque de l'âge d'or d'Hollywood avec tous les décors, et la nature aussi, recréée en studio et retouchée à la perfection, les films, les photographies, c'est un vrai art. Les films de Carl Theodor Dreyer, Josef von Sternberg, Fritz Lang, Billy Wilder, Federico Fellini et Luchino Visconti m'ont marqué, ainsi que les photographies de Cecil Beaton, Horst P. Horst, George Hoyningen-Huene. Les costumes de Travis Banton pour *La Femme et le Pantin* ou pour *Cleopatra* de Cecil B. DeMille réalisé en 1934 sont une référence, tout comme le travail d'Adrian et plus tard Charles James, Cristóbal Balenciaga, Ossie Clark et Rudi Gernreich. En musique : Philip Glass, mais surtout les psychédéliques ! J'avais vu Jimi Hendrix et Janis Joplin en concert, une révolution – des bêtes de scène –, comme Celia Cruz, diva de la salsa ; Grace Slick de Jefferson Airplane, pour qui j'avais une fascination totale ; Ike & Tina Turner, qui, ensemble, avaient une énergie pure à couper le souffle. Bowie en Ziggy Stardust était un incroyable et sublime « trip », tout comme le dernier concert de Marlene Dietrich à l'espace Cardin, une merveille minimaliste, mais très riche de sous-entendus et d'émotions, qui touchait à la perfection.

18

TML : Plusieurs créations font référence au monde sado-maso, avec le latex, le caoutchouc, le cuir, les masques, les fouets, les talons aiguilles vertigineux. Cet univers vous inspirait, ou vous vouliez créer une machine à fantasmes ?

MTM : Je faisais des pièces culottées, « jusqu'au-boutistes » disons, mais jamais vulgaires. Je voulais révéler le côté animal, cette énergie vitale. Si je fais un tailleur ou un robot, la vie, la femme doit en ressortir, l'instinct animal est plus fort que tout. J'aime transformer les corps en héros. Lorsque j'ai fait les costumes pour *Macbeth* à la Comédie-Française, les acteurs n'étaient pas vraiment des sportifs, je les ai transformés en athlètes combattants, en héros. La création doit servir avant tout à magnifier et à renforcer un personnage, une histoire. J'aimais le mélange des genres, des hommes très féminins, non genrés, défilaient pour moi et souvent des femmes masculines. Quand on me dit que je faisais des vêtements pour les sex-shops, je trouve ça assez drôle car ils étaient extrêmement raffinés et de

grande qualité et c'est amusant de voir que ce qui choquait il n'y a pas si longtemps est devenu « normal » de nos jours. Même les premières dames portent des talons aiguilles de 12 centimètres... Les somptueuses crinières de mes *super women* étaient très moquées, alors qu'aujourd'hui de nombreuses femmes portent des extensions dans les cheveux. Les tenues de latex, les vestes très cintrées, la féminité exacerbée et par exemple un legging en vinyle rendent les jambes « statuesques », comme si elles étaient laquées. Pour moi ce sont de très belles matières, de grands classiques auxquels j'ai donné « leurs lettres de noblesse », des pièces essentielles, très flatteuses... Peut-être avais-je raison finalement ?

TML : Dès la fin des années 1970 vous vouliez créer votre propre parfum : qu'est-ce qui vous motivait ?

MTM : Le parfum, selon moi, fait partie des outils à notre disposition pour apporter de la magie dans le quotidien des gens. Il complète l'univers d'une personne, l'aura quelque part, c'est la touche finale. L'idée de créer un parfum gourmand est quelque chose que je voulais depuis toujours, avec du chocolat et de la barbe à papa. En créant un parfum, je cherchais un lien qui unirait le plus possible les êtres humains à travers l'amour et l'enfance et à créer un objet mythique. Après des centaines d'essais, *Angel* a été créé. Aujourd'hui, une grande partie des parfums sont ses petits-enfants. Jamais je n'aurais cru que cela deviendrait un succès aussi important, qui influencerait le monde de la parfumerie. Les grandes maisons lançaient un nouveau parfum tous les six mois à l'époque. Il manquait les parfums iconiques, et surtout les flacons qui faisaient rêver – ceux qui m'avaient marqué enfant, comme *Shalimar*, *Joy* de Patou, de vrais beaux objets de collection. *Angel*, c'était toute une recherche complexe. Ce dessin d'étoile « Muglerisée » pour ce flacon iconique en cristal poli à la main et en forme d'étoile bleue ou la technique du poussoir : tout a été inventé pour cette bouteille, surtout la fragrance, une vraie prouesse, et même la source de recharge pour conserver l'objet et le réutiliser. Un véritable challenge pour les grands professionnels (cristallerie, « alchimistes »...) qui se sont passionnés pour ce projet. Au début des années 1990, on ne parlait pas de recycler son flacon de parfum ! Le succès d'*Angel* vient aussi de Vera Strübi (première présidente des parfums) et des équipes qui étaient extrêmement dévouées à en faire la promotion partout dans le monde, des soldats Mugler !

TML : Vous croyez que le mot « extrême » vous décrit le mieux ?

MTM : J'ai été (entre autres) danseur, végétarien hippie, yogi, globe-trotteur, couturier, parfumeur, réalisateur, photographe, écrivain de chansons et scénariste, metteur en scène et... bodybuilder. De même, j'ai logiquement effectué une transformation physique totale, je poursuis mon rêve et ma quête, donc disons oui, j'aime les extrêmes. Et je le suis ! [Rires] D'une discipline extrême certainement ! Une recherche infinie et joyeuse.

16
Ethan James Green,
Edie Campbell, 2018.
Collection *Anniversaire des
20 ans*, AH / FW 1995-1996.

17
Invitation pour le défilé du
Zénith. / Invitation to the fashion
show at the Zénith.
Collection *Hiver des anges –
10 ans*, prêt-à-porter
AH / FW 1984-1985.

18
Kevin Mazur, *Kim Kardashian*,
(New York), 2019.

19
Amy Sussman, *Cardi B*
(Los Angeles), 2019.
Collection *Anniversaire des
20 ans*, AH / FW 1995-1996.

20
Patrick Ibanez, affiche de la
tournée *Top Secret* de Diane
Dufresne. / Diane Dufresne *Top
Secret* tour poster, 1987.
Collection *Hiver russe*, prêt-à-
porter AH / FW 1986-1987.
Tunique en velours brodée de
cristaux. / Velvet tunic adorned
with crystals.

Thierry-Maxime Loriot: You presented a fashion that was very free, inclusive and provocative, a world of its own that shook up fashion, before retiring from prêt-à-porter and haute couture in the early 2000s... Looking back, would you consider that you had an anthropological, even prophetic vision of what fashion would be? Did you mean to create a fashion that would mirror society?

Manfred T. Mugler: My visions were always based on the human being and nature. There is nothing political about my inspirations, they are instinctive. What inspires me most, and always has, are its infinite possibilities, all kinds of lives... The search for beauty, always and still, how we can transform ourselves, fascinates me. Every civilisation through the ages is a constant inspiration, the beauty of body, movement, the adornment and of course nature. I was never an intellectual who wanted to drive across points or to break codes, even though that is what happened in the end. My approach was to propose amazement, discoveries, a plurality of beauties, people who had the courage to be themselves. As a child, I wanted to create my own world and to live in it, to make it always more beautiful and magical, and that hasn't changed. There is beauty everywhere. We have to keep an eye out for its many facets and all these magical moments— no matter how small—and for the time that is allotted to us on this wonderful and inscrutable world; to bring some reverie to it as a tribute.

I love extreme personalities; they fit what I wish to express. My approach is very instinctive and obvious, but it is not meant to be transgressive. I have always looked for all the forms of beauty. All the bodies that I perfect, they exist even without my enhancements; however, I oversize them as I adjust the waist, the shoulders, the entire silhouette. Kim Kardashian is a perfect example: she is a callipygian beauty, a timeless, almost bygone, female ideal. Everywhere there are people of extraordinary beauty and grace, we have to give them a place. I don't believe in a single form of beauty. The beauty of our body—big, small, tall, skinny, etc.—whatever the size or type, if it is harmonious and sane, we have to accept it and to be in harmony with it. To be happy with what we have, or working to get one to be happy with, even if good proportions help!

TML: Why did you try your hand at haute couture in 1992? You came up with designs that were both minimalist or maximalist...

DIANE DUFRESNE

TOP SECRET

AU CASINO DE PARIS
A PARTIR DU 19 MAI

L'OLYMPIA
BRUNO COQUATRIX

présente
en accord avec
AMERILYS Inc.

Locations: OLYMPIA 47 42 82 45 · Agences par tél., Allô Loisirs 42 61 82 25 ·
Collectivités 47 42 82 45 · Par Minitel 36.15 COM 21
Album · Cassette · Compact

20

MTM: For me haute couture was an additional, more sophisticated tool. I was fascinated by its minimalist yet lavish side, and by the perspective of working for months on perfecting a single piece for a specific woman. My first prêt-à-porter shows had included some highly elaborate haute couture pieces. I loved to play with the pretentious and bourgeois character of haute couture, to make it evolve. The time had come to show something different and to give it a breath of fresh air, even a good jolt! I wanted to create clothes that could "stage" our daily lives. For me, to design an appealing gown that would also appear to be simple, but very flattering, was an exercise to reach perfection. Haute couture or not, I wanted to see things through to the end, like a piece of music that requires tempo, a rhythmical stage, it was a ricochet that inspired me from one collection to the next. I was always learning from the previous collection. It guided me toward the next one, pushing me to go even further. I like to tell nice human stories in different ways with different supports. I was called provocative, but I never realised it immediately, only afterwards! The idea was not to shock, but to shock in the right way, shakeup a bit the fashion world and the medias who took themselves much too seriously. Provocation was present, it was fun to see the bourgeoisie and the journalists being somewhat scandalised.

TML: You controlled all the creative facets of your collections, your pictures, the staging of your fashion shows, from hairstyles to makeup and accessories to soundtrack, as well as your advertising campaigns. What would come first: the idea of the garment or the story you wanted to share?

MTM: It was like the snake biting its tail, both at the same time! The shows inspired the direction of the photography. I have always liked uniforms, with their patriotic, glorious side, the flags, parades, the circus of power and authority, the futuristic suits, the strength and impact of clothes; not for their political qualities, but always for their graphic and aesthetic beauty. I didn't travel to the USSR or to other countries to make a statement or to champion an ideology. My goal was to create breath-taking images in incredible locations, which were new and still hard to reach, in perfect harmony with my creations; to find an ideal, high-quality setting. I was never interested in fashion, but rather in its daily staging: I wanted to bring magic to the world by creating refined, fleshed-out objects. In places and sets that are exceptional but real, urban or natural, my photographs are a vertiginous point of view, a poetic angle, from a reality that looks out of this world, from a magical world.

TML: Your archives are highly sought after, rarely loaned and even less frequently exhibited. A whole generation of young stars, initially led by Lady Gaga and Beyoncé and now Cardi B and Kim Kardashian, wears your outfits, which remain as coveted as ever after thirty or forty years...

MTM: That is very touching and rewarding. Indeed, I wasn't making fashion and I wasn't following trends! That tells a story and perpetuates it in a way. I enjoy seeing young people inspired by my work on social networks, it's a joyful, creative emulation that shows the timelessness, the originality and the artisanship of my work.

TML: Your fashion does not draw on the history of fashion, but rather on the history of cinema and music. What are your greatest sources of inspiration?

MTM: The Golden Age of Hollywood, with its decors, and also nature, recreated inside the studios and retouched to perfection, the movies, the photographs, that is real art. The films of Carl Theodor Dreyer, Josef von Sternberg, Fritz Lang, Billy Wilder, Federico Fellini and Luchino Visconti left their mark on me, and the photographs from Cecil Beaton, Horst P. Horst, George Hoyningen-Huene. The costumes made by Travis Banton for *The Devil Is a Woman*, and those created for *Cleopatra*, the 1934 Cecil B. DeMille movie, are a reference, as are the creations of Adrian, and later those of Charles James, Cristóbal Balenciaga, Ossie Clark and Rudi Gernreich. In music: Philip Glass, but especially the psychedelic works! I have attended concerts by Jimi Hendrix and Janis Joplin, a revolution—both amazing performers— as well as salsa diva Celia Cruz; Jefferson Airplane's Grace Slick, for whom I had a total fascination; and Ike and Tina Turner, who together brought pure, hair-raising energy. Bowie as Ziggy Stardust was an incredible and sublime trip, as was Marlene Dietrich's final concert at the Espace Cardin, a minimalist wonder of emotions and subtilities that was delightfully touching.

21

TML: Several creations refer to the world of S&M, with latex, rubber, leather, masks, whips and vertiginous stilettos. Did that universe inspire you, or were you trying to create a sexual fantasy machine?

MTM: I made pieces that were cheeky, pushed to limits, but never vulgar. I wanted to reveal the animal or vital energy within. If I create a suit or a robot, life, the woman must emerge, the animal instinct is stronger than anything else. I love transforming bodies into heroes. When I made the costumes for *Macbeth* at the Comédie-Française, the actors were not athletic, I transformed them into extreme fighters, into heroes. Creation must serve above all to magnify and reinforce a character, a story. I enjoyed the blending of genders, with highly effeminate, ungendered men parading for me, but also very masculine women. When I am told

that I was making clothes for sex shops, I find it quite amusing as they were extremely refined and of outstanding craftmanship and it is funny to see that what was shocking not so long ago has become normal. Even first ladies wear 12-centimeter high stilettos nowadays... The lavish manes of my *super women* were widely mocked, but now many women wear hair extensions. The latex suits, the tightly waisted jackets, the exacerbated femininity and, for example, vinyl leggings make legs appear statuesque, as if they were lacquered. I think these are great fabrics that I lent cachet to, classics, essential pieces, very flattering... Perhaps I was right after all?

TML: As early as the 1970s you wanted to create your own perfume. What motivated you?

MTM: For me, perfume is one of the tools we can use to bring magic in people's everyday lives. It completes a person's universe, their aura in a way, it is the final touch. From the beginning I wanted to create a gourmand fragrance, with chocolate and candyfloss. When developing the perfume, I was looking for something that would link people as closely as possible through love and childhood and create a mythical object. After hundreds of trials, *Angel* was created. A large number of today's perfumes are its descendants. I never expected it to become such a great success that would change the world of perfume making. At the time, all the great perfume houses launched a new fragrance every six months. However, the mythic perfumes were lacking, and especially the bottles that people yearned for—like those that marked my childhood, such as *Shalimar* or *Joy* by Jean Patou, those were beautiful collectors' items. *Angel* was the result of a complex research. Its hand-polished crystal bottle in the shape of a blue star, also the push button: everything had to be invented for that bottle, even the refill source to preserve and reuse the object. It presented a real challenge for the great professionals (crystalware makers, 'alchemists'...) who worked passionately on the project, everything was invented. The fragrance is a prowess. In the early 1990s, to recycle a perfume bottle was unheard of! The success of *Angel* is also due to Vera Strübi (first president of the perfume division) and to the teams who devoted themselves to promoting it throughout the world, the Mugler army!

TML: Do you think the word *extreme* describes you best?

MTM: I have been (among other things) a dancer, a vegetarian hippie, a yogi, a globetrotter, a couturier, a perfume maker, a producer, a photographer, a songwriter and scriptwriter, a stage director and... a bodybuilder. So logically, I have undergone a complete physical transformation, I follow my dreams and life quest, so let's say yes, I do love extremes. And I am! [Laughs] Of an extreme discipline certainly! An endless and joyful search.

21
Essayages / fittings haute couture par / by Thierry Mugler.
Jerry Hall, collection *Les Insectes*, PE / SS 1997.

22
Essayages / fittings haute couture par / by Thierry Mugler, 1997-1999.
De gauche à droite et de haut en bas : / from left to right, from top to bottom :

Laurence Pellagot, collection *Les Insectes*, PE / SS 1997.
Simonetta Gianfelici, collection *Chimère*, AH / FW 1997-1998.
Esther Cañadas, collection *As Big as the Ritz*, AH / F/W 1998-1999.
Laurence Pellagot, 1998.
Antoine Kruk, Stefano Canulli, Erica Van Briel & Yves Pagan, collection *Chimère*, AH / FW 1997-1998.
Diana Petra, collection *Chimère*, AH / FW 1997-1998.
Kristen McMenamy, collection *Les Insectes*, PE / SS 1997.

22

METAMORPHOSES

LE BESTIAIRE FANTASTIQUE
DU COUTURIER

« Depuis toujours, je suis fasciné par le plus bel animal sur terre : l'être humain. J'ai utilisé tous les outils qui étaient à ma disposition pour le sublimer[1] », confie le créateur. Pour développer son univers fantastique, Mugler s'inspire du rythme, du mouvement et de l'instinct qu'il aime tant chez celles et ceux qui sont de véritables « bêtes de scène », telles les chanteuses Diana Ross ou Beyoncé. Les tenues de Thierry Mugler confèrent aux femmes qui les portent le pouvoir de devenir des croqueuses d'hommes. Les nymphes aquatiques peuplent les fonds marins de sa collection *Les Atlantes* : elles arborent bustiers « coquillage » en Plexiglas moulé, robes et combinaisons hérissées de nageoires, accessoires « oursin », robes à effet « raie manta », coutures en arêtes vives et crêtes en relief bleu espadon. Les premières incarnations de cet imaginaire datent des années 1970. Par exemple, dans la collection automne-hiver 1979-1980, baptisée *Spirale futuriste*, des combinaisons longues en jersey à paillettes et des robes garnies de nageoires habillent des légendes de la scène musicale britannique comme David Bowie et Jane Birkin (ill. 50). Les basques superposées sur les hanches de ses tailleurs, de ses combinaisons ou de ses robes s'ouvrent comme des branchies de poisson. Mugler crée, pour sa collection haute couture de 1999, une robe « méduse » confectionnée à l'aide d'une technique inédite utilisant de l'organza plissé et bombé à la main, puis laqué par l'application de multiples teintes de peinture en aérosol, et enfin rehaussé d'insertions de silicone translucide et chatoyant rappelant les tentacules d'une méduse. L'œuvre est tout aussi éblouissante que la robe à corset en organza de soie et silicone à effet « sirène ruisselante d'eau » qu'il conçoit pour Kim Kardashian en 2019 (ill. 18).

Le bestiaire de Mugler s'inspire de reptiles, d'insectes, d'oiseaux et de papillons, mais, pour imaginer l'une des robes spectaculaires de sa collection *Anniversaire des 20 ans*, portée un quart de siècle plus tard par la rappeuse Cardi B à la cérémonie des Grammy Awards en 2019, le couturier emprunte aussi au tableau *La Naissance de Vénus* de Botticelli (ill. 19). Il puise également ses influences dans le roman *La Métamorphose* de Kafka (1915) ainsi que dans les films *La Mouche* (1986) et *Microcosmos* (1996). Véritable précurseur, Mugler refuse très tôt dans sa carrière d'utiliser de vraies fourrures ; il préfère les remplacer par des matières synthétiques comme le caoutchouc, l'élasthanne et le latex, puisque « finalement, il arrive que ces matières produisent un meilleur effet que des peaux véritables. C'est du vrai faux[2] ! » Comme il exclut le recours à des peaux luxueuses et à des plumes rares, sa collection haute couture de l'automne-hiver 1998-1999, *As Big as the Ritz*, comprend un pull à effet léopard confectionné à partir de marabout ciselé recréant les taches dorées, noires et brunes de l'animal. Fidèle à ce principe, le couturier imite plumages, pelages et cocons ; il conçoit de prodigieux chapeaux rappelant des têtes d'insectes (ill. 32, 33, 40) et met au point d'ingénieux trompe-l'œil – pensons ici à sa robe en faux crocodile fabriquée à partir de cuir de veau (ill. 41). Déclinées en tons ocre, bronze, cuivre et chocolat, ses combinaisons en cuir repoussé évoquent des secondes peaux qui auraient été scarifiées,

comme l'illustre la *supermodel* et muse du créateur, Iman, quand elle porte, pour la collection printemps-été 1988, *Été africain*, un blouson court en cuir à boutons pression dorsaux avec un pantalon capri à « scarifications » embossées assorti.

En 1997 puis en 1998, deux exceptionnelles collections, *Les Insectes* et *Chimère*, soufflent un vent nouveau sur la haute couture et deviennent des jalons emblématiques du parcours du couturier. La saison printemps-été présentée en janvier 1997 révèle de nouveaux venus en haute couture : Alexander McQueen fait ses débuts chez Givenchy, John Galliano chez Christian Dior, et Jean Paul Gaultier inaugure la première collection haute couture de sa maison. Thierry Mugler dévoile pour sa part *Les Insectes*, sa deuxième collection haute couture, où figurent de nombreuses pièces mémorables, dont un sublime fourreau en résille réalisée au crochet, émaillé de franges et orné de jais (ill. 43),

24

ainsi qu'un fourreau à traîne de velours noir, orné d'ailes de papillon d'une largeur de 2 mètres en plumes de coq de la maison Lemarié, spécialisée en plumasserie (ill. 42). Ces deux pièces sont photographiées par Paolo Roversi. La collection comprend également une robe bustier corsetée à coupe sirène avec ses « ailes de papillon », brodée de milliers de paillettes peintes une à une par le corsetier Mr Pearl et portée par Jerry Hall (ill. 31) ; une queue-de-pie « bourdon » en panne de velours peinte par l'illustrateur Stefano Canulli (ill. 25) ; l'inoubliable armée de « fourmis » (ill. 26) qui défilent sur le podium, toutes vêtues à l'identique – jupe à empiècements de cuir verni et lunettes « mouche » (ill. 35) ; un costume « mouche » avec son casque imitant les yeux à facettes du diptère (ill. 30).

La robe *Chimère* (en couverture), considérée pour certains comme le chef-d'œuvre de Mugler, est présentée dans la collection haute couture éponyme à l'automne-hiver 1997-1998. Réalisée en collaboration avec Mr Pearl et l'artiste Jean-Jacques Urcun, c'est probablement l'une des créations couture les plus coûteuses de l'histoire de la mode. Symbole de la métamorphose, le long fourreau à corset iridescent articulé, orné d'écailles brodées de cristaux, de plumes et de crin de cheval, incarne un animal fantasmagorique à la fois poisson, oiseau, mammifère et humain. Mr Pearl décrit cette collaboration comme l'une des expériences les plus exigeantes de sa carrière : « Cette pièce est sûrement le projet le plus intense de ma vie. On y œuvrait vingt-quatre heures sur vingt-quatre, tous les jours. À lui seul, le travail de broderie a demandé mille heures. On était environ vingt personnes à travailler sur différentes parties de la robe, avec M. Urcun. On évoluait dans la fantaisie pure ; c'était comme être à l'université de la beauté. Traduire la vision, le produit de l'imagination de Mugler sous forme de vêtements est loin d'être simple. C'est un génie, un perfectionniste. Il faut s'accrocher. Il pousse tout le monde à tâcher de faire l'impossible avec une aiguille[3]. »

L'installation visuelle immersive de l'exposition *Thierry Mugler. Couturissime* est conçue par Rodeo FX ; ce studio montréalais récompensé par de nombreux prix a réalisé des effets visuels pour diverses productions ayant rayonné à l'étranger, notamment *Game of Thrones*, *Star Wars*, *Birdman* et *Stranger Things*. ★

23
Pierre et Gilles, *Le Papillon noir (Polly Fey)*, 1995.
Photographie peinte, / Painted photograph, 115 × 90 cm.

24
Patrice Stable, collection *Les Insectes*, haute couture PE / SS 1997.
Corset en grain de poudre orné de jais, collaboration avec Mr Pearl. / Jet-adorned grain de poudre corset, collaboration with Mr Pearl.

25
Patrice Stable, collection *Les Insectes*, haute couture PE / SS 1997.
Tailleur-redingote en panne de velours peint par Stefano Canulli. / Panne velvet swallowtail evening suit jacket painted by Stefano Canulli.

26
Patrice Stable, collection
Les Insectes, haute couture
PE / SS 1997.
Veste et jupe étagées en grain
de poudre avec appliques de
vinyle. / Grain de poudre wool
tiered jacket and skirt with vinyl
appliqués.

27
Patrice Stable, collection
Anniversaire des 20 ans,
AH / FW 1995-1996.
Cape «bulle» en velours
doublée de satin duchesse,
robe bustier en satin et
velours. / Duchesse satin-lined
velvet 'bubble' cape, satin and
velvet strapless gown.

've always been fascinated by the most beautiful animal on earth: the human being. I have used all of the tools at my disposal to sublimate this creature'[1], the creator explains. For his fantastical universe, he loves the rhythm and movement and the animal instinct of the *bêtes de scène*—those creatures born for the stage—such as the singers Diana Ross or Beyoncé: when worn, his creations should empower women into becoming man-eaters. Water nymphs haunted the ocean depths of his *Les Atlantes* collection, with their canted 'shell' Plexiglas bustiers, dresses and bodysuits with fish gills, 'sea urchin' accessories, manta ray gowns, bright fishbone-look stitching and raised swordfish-blue crests. Some of these had been created as far back as the late 1970s, like for his fall-winter 1979–1980 *Spirale futuriste* collection, with sequin jersey long bodysuits and fin-decorated dresses as worn by British music legends David Bowie and Jane Birkin (ill. 50). Suit jackets with peplums over the hips opened up like fish gills, also found on the hips of bodies and dresses. His 1999 'Méduse' haute couture gown, resulting from a new technique using organza that was hand-pleated and rounded before given multiple shades of blue spray paint and topped with clear sparkly silicone inserts evoking jellyfish tentacles, is as dazzling as the silk organza and silicone corseted 'dripping wet mermaid' dress he created in 2019 for Kim Kardashian (ill. 18).

27

For his bestiary, Mugler took his inspiration from reptiles, insects, birds and butterflies, as well as Boticelli's *The Birth of Venus*, as seen in a spectacular dress from his 20th anniversary collection that would be worn a quarter of a century later by rapper Cardi B at the 2019 Grammys (ill. 19). He also drew from Kafka's 1915 novel *The Metamorphosis* and the 1986 and 1996 films *The Fly* and *Microcosmos*. A pioneer, he discarded real furs early in his career, replacing them with synthetic materials like rubber, elastane and latex, 'that would in the end, it sometimes provides a better effect than real leather, it is a real fake!'[2], as he maintains. In his fall-winter 1998 haute couture collection *As Big As the Ritz*, a 'leopard' looking sweater was created with sheared marabou recreating the animal spots in shades of gold, black and brown, as Mugler rejected luxurious exotic skins or rare feathers. Mimicking plumage, animal skins, carapaces, cocoons and insect heads with spectacular hats (ill. 32, 33, 40), he developed ingenious trompe-l'oeil effects like that of his fake crocodile dress made of calf leather (ill. 41). Declined in shades of ochre, bronze, copper and chocolate, his embossed leather jumpsuits conjured up scarified second skins, as exemplified by supermodel and muse Iman, who wore for his spring-summer 1988 *Été Africain* collection a short leather jacket with snaps at the back and matching capri pants with embossed 'scarifications'.

In 1997 and 1998, French haute couture was reinvigorated by two extraordinary collections: *Les Insectes* and *Chimère*, who both became emblematic Mugler sets. In January 1997, the season that saw the haute couture debuts of Alexander McQueen at Givenchy, John Galliano at Christian Dior and Jean Paul Gaultier at his own house, Thierry Mugler hatched up *Les Insectes*, his second haute couture collection. It featured many memorable pieces, from a breath-taking fringed crocheted fishnet sheath embellished with jet (ill. 43) to a sheath with a black velvet train and two-metre wide butterfly wings of cock feathers from Paris *plumassier* Maison Lemarié (ill. 42). Both were photographed by Paolo Roversi. The collection was also composed of a 'butterfly wing' strapless mermaid corset dress, embroidered with thousands of individually hand-painted sequins by the corset maker Mr Pearl and worn by Jerry Hall (ill.31); a 'bumblebee' panne velvet swallowtail jacket evening suit painted by the illustrator Stefano Canulli (ill. 25); the unforgettable 'ant army' (ill. 26) strutting on the catwalk with matching panelled patent leather skirt suits, fly glasses and hats (ill. 35); and a 'fly' suit with tulle openwork mimicking the compound eyes of the Diptera (ill. 30).

Considered by many as Mugler's masterpiece, the *Chimère* gown (on the cover) from the eponymous haute couture fall-winter 1997-1998 collection was made in collaboration with Mr Pearl and artist Jean-Jacques Urcun. It is likely one of the most expensive couture creations in history. The long sheath with articulated iridescent corset, adorned with 'scales' embellished with feathers, horsehair and crystals, is the epitome of metamorphosis; the fantastical beast is at once fish, bird, mammal and human. Mr Pearl described this collaboration as one of the most extreme experiences of his life: 'This piece was probably the most intense project, it took weeks working 24/7, so basically more than one thousand hours just for the embroidery. We were about twenty people working on different parts of it along with Urcun. It's about fantasy, it was like going to the University of Beauty. To fulfill his vision and his fantasies with clothes is already a challenge, he is a genius, a perfectionist. You have to try, and he pushes everyone to try what seems impossible to achieve with a needle'[3].

The exhibition's immersive audio-visual installation presented in the exhibition *Thierry Mugler. Couturissime* was created by Rodeo FX in Montréal. This award-winning studio has provided visual effects for many major productions, among them *Game of Thrones*, *Star Wars*, *Birdman* and *Stranger Things*. ★

29

30

28-29
Nicolas Ruel,
Metamorphosis I / II (Musée des
beaux-arts de Montréal), 2019.

30
Nicolas Ruel, *Metamorphosis II*
(Musée des beaux-arts de
Montréal), 2019.
Collection *Les Insectes*, haute
couture PE / SS 1997.
Tailleur ajouré en tulle,
casque-lunettes «mouche». /
Openwork tulle suit, insect-style
helmet with integrated glasses.

31
Dominique Issermann,
Jerry Hall, 1997.
Collection *Les Insectes*, haute
couture PE / SS 1997.

32

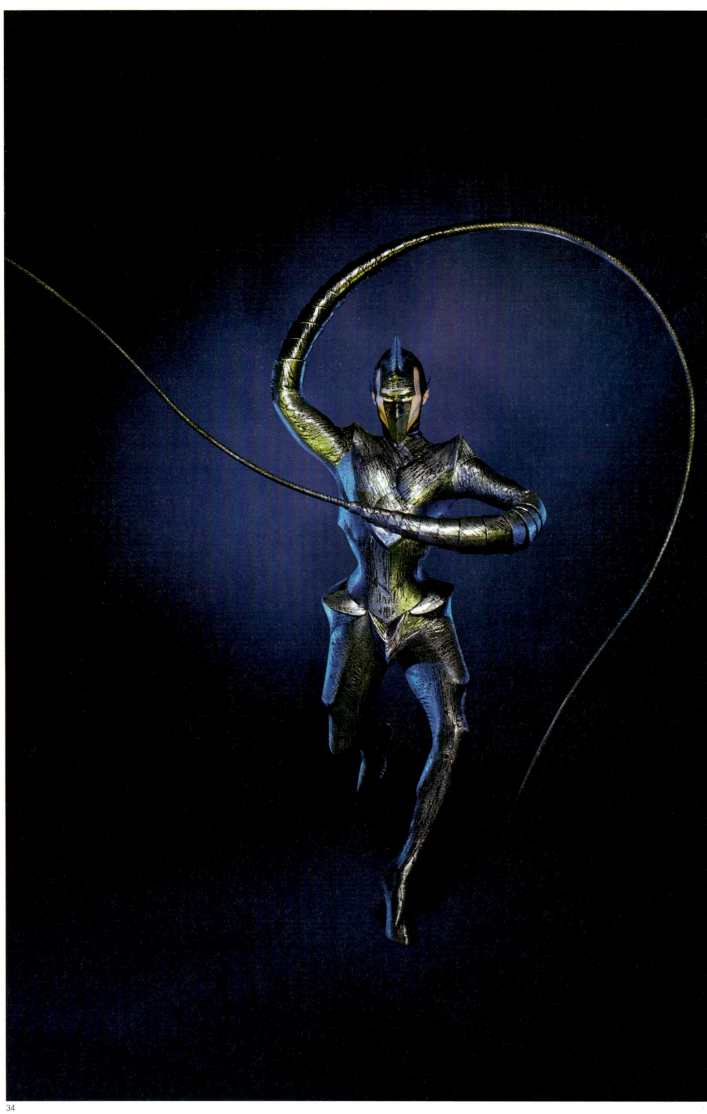

35

32
Emil Larsson, *Insect Hat*, 2018.
Collection *Les Insectes*, haute
couture PE / SS 1997.

33
Pierre Gayte, *Shannon*, 1997.
Collection *Les Insectes*, haute
couture PE / SS 1997.

34
Christian Gautier, *Mugler Follies*,
costume, 2013.

35
Jean-Baptiste Mondino, *Kristen
McMenamy, Vogue Paris*, 1997.
Collection *Les Insectes*, haute
couture PE / SS 1997.
Jupe étagée en grain de poudre
avec appliques de vinyle. /
Grain de poudre wool tiered
skirt with vinyl appliqués.

36 (p. 52)
Luigi & Iango, *Kate Moss*, 2021.
Collection *Les Insectes*, haute
couture PE / SS 1997.

37
Fritz Kok, *Anne-Sophie Balsing*,
1997.
Collection *Les Insectes*, haute
couture PE / SS 1997.
Robe en latex peint
« carapace ». / 'Carapace'
painted latex dress.

38
Patrice Stable, collection
Les Insectes, haute couture
PE / SS 1997.
Carapace de cuir sculpté
réalisée en collaboration avec
Abel Villarreal et jupe-fourreau
frangée de plumes. / Sculpted
leather carapace made
in collaboration with Abel
Villarreal and feather-fringed
long sheath skirt.

39
Patrice Stable, collection
Les Insectes, haute couture
PE / SS 1997.
Tailleur en crêpe canard bordé
de franges. / Fringe-bordered
teal crepe suit.

40

40
Kat Irlin, *Josephine Skriver,
Fashion Canada*, 2018.
Collection *Les Insectes*, haute
couture PE / SS 1997.

41
Patrice Stable, *Katoucha Niane*,
1988.
Collection *Été africain*,
prêt-à-porter PE / SS 1988.
Robe en cuir effet crocodile. /
«Croco» effect leather dress.

42
Paolo Roversi, *Audrey Marney*,
W, 1997.
Collection *Les Insectes*, haute
couture PE / SS 1997.
Fourreau en velours évasé en
traîne, orné de plumes de coq,
collaboration avec la maison
Lemarié, Paris. / Velvet sheath
with feathered 'butterfly wings',
collaboration with Lemarié, Paris.

43
Paolo Roversi, *Angela Lindvall*,
W, 1997.
Collection *Les Insectes*, haute
couture PE / SS 1997.
Fourreau en résille crochetée,
frangée et ornée de jais. /
Fringed fishnet crochet sheath,
embellished with jet.

41

46

44
David LaChapelle, *Exhibition*, 1997, tirage jet d'encre / pigment print.
Collection *Chimère*, haute couture AH / FW 1997-1998. Robe en latex sérigraphiée et crin, collaboration avec Pierre-François Letué. / Latex sheath screen-printed with horsehair, collaboration with Pierre-François Letué.

45
Patrice Stable, *Robe méduse*, 1999.
Collection *Les Méduses*, haute couture AH / FW 1999-2000. Robe bustier et double crinoline en organza laqué et plissé. / Strapless gown with coated and pleated organza bodice and double crinoline.

46
Nicolas Ruel, *Metamorphosis* (Musée des beaux-arts de Montréal), 2019.
Collection *Les Méduses*, haute couture AH / FW 1999-2000. Robe bustier et double crinoline en organza laqué et plissé. / Strapless gown with coated and pleated organza bodice and double crinoline.

47 (pages suivantes)
Emil Larsson, *Bustier*, 2019.
Collection *Les Atlantes*, prêt-à-porter PE / SS 1989. Bustier en verre cranté. / Canted glass bustier.

49

50

51

48 (p. 66)
Indüstria (Fritz Kok & Brad
Branson), *Scotty, Interview*, 1989.
Collection *Les Atlantes*,
prêt-à-porter PE / SS 1989.
Tailleur à basques en crêpe
orné de paillettes. / Sequin-
embellished crepe peplum suit.

49
Indüstria (Fritz Kok & Brad
Branson), *Eugenie Vincent,
Interview*, 1989.
Collection *Les Atlantes*,
prêt-à-porter PE / SS 1989.
Blouson en daim, appliques
de cuir verni façon peau
de reptile. / Suede waist jacket
with reptile skin-style patent
leather appliqués.

50
Michelle de Rouville, *Jane Birkin*,
1979.
Collection *Spirale futuriste*,
prêt-à-porter AH / FW 1979-1980.
Combinaison en jersey pailleté à
ailerons. / Sequin jersey fin catsuit.

51
Guy Bourdin, *Hôtel prince de
Galles, Vogue Paris*, 1979.
Collection *Spirale futuriste*,
prêt-à-porter AH / FW 1979-1980.

52
Karl Lagerfeld, *Toni Garrn*,
2009.

53-54
Patrice Stable, collection
Anniversaire des 20 ans,
AH / FW 1995-1996.
Combinaison intégrale en
métal et Plexiglas, collaboration
avec Jean-Jacques Urcun.
Déshabillé en mousseline et
manteau en satin duchesse. /
Metal and Plexiglas full-body
catsuit, collaboration with
Jean-Jacques Urcun. Chiffon
negligée and duchesse satin
evening coat.

55
Patrice Stable, collection
Anniversaire des 20 ans,
AH / FW 1995-1996.
Body en métal orné de motifs
«diamants» en cristaux,
collaboration avec Jean-Pierre
Delcros. / Metal bodysuit
adorned with crystal 'diamond'
motifs, collaboration with
Jean-Pierre Delcros.

56
Helmut Newton, *Johanna*,
Vogue USA, 1996.
Collection *Anniversaire des
20 ans*, AH / FW 1995-1996.
Combinaison intégrale en
métal et Plexiglas, collaboration
avec Jean-Jacques Urcun. /
Metal and Plexiglas full-body
catsuit, collaboration with
Jean-Jacques Urcun.

RÉVOLUTION GYNOÏDE

Aux frontières de la réalité, les créatures carrossées et les cyborgs gynomorphes de Mugler préfigurent les révolutions du transhumanisme. Le couturier explique sa perception du corps humain en ces termes: «Le visage module la structure, et les épaules l'ancrent; le buste la souligne, et les hanches en sont la charpente. Je suis un architecte qui remodèle complètement le corps de la femme[1].» Les silhouettes aérodynamiques et robotiques inventées par Mugler, aujourd'hui légendaires, transforment la haute couture. Le créateur s'inspire de la science-fiction et des superhéroïnes de bandes dessinées, des armures des soldats et des chevaliers médiévaux, du design industriel et des automobiles futuristes. Dans ses premières collections, avant de solliciter des spécialistes de l'industrie, il explore les techniques et les matières en suivant une démarche qu'il décrit ainsi: «C'était un mélange de matières complètement futuristes comme le PVC, le vinyle et le caoutchouc avec des techniques de couture classiques. Comme le futur naît du passé, pourquoi ne pas réutiliser des éléments du passé pour modeler un futur meilleur[2]?» En 1989, trois ans avant l'inauguration de sa première collection haute couture, Mugler rend hommage à l'Américain Harley J. Earl, qui a dessiné les fameux ailerons des Cadillac Eldorado en 1959, en intégrant ces pièces automobiles à ses tenues de la collection *Hiver Buick* (ill. 70, 71). Pour cette collection de prêt-à-porter, le couturier et ses collaborateurs créent des tenues à la fois remarquables et raffinées, concevant avec humour des fourreaux amovibles ou «décapotables», des bustiers «pare-chocs», des ceintures «radiateurs», sans oublier le sac «aileron» et ses clignotants. L'année suivante, dans sa collection printemps-été baptisée *Été Hawaii*, il propose un bustier «bateau», porté par Linda Evangelista, dont les bonnets sont des hublots remplis d'eau; le vêtement est également équipé d'un compas, d'un démarreur, d'un sextant, de bastingages et même d'un briquet fonctionnel! Au fil des années, Mugler s'associe au chaudronnier aéronautique Jean-Pierre Delcros et au designer industriel Jean-Jacques Urcun pour élaborer des techniques auparavant inconnues dans les ateliers de couture. Ensemble, ils imaginent des créatures-robots magistrales, que l'on croirait coulées dans des guêpières en métal chromé donnant une allure de tailleur bar aux vestes de sa première collection haute couture présentée au Ritz, à Paris; les tenues comprennent également des casques et des bustiers, ainsi que des corsets et des combinaisons en Plexiglas.

La pièce maîtresse de Mugler demeure sa *Maschinenmensch*, ou «femme-robot»: à l'automne 1995, au défilé organisé pour le 20ᵉ anniversaire de sa maison, la mannequin, coiffée d'un grand chapeau et vêtue d'un déshabillé en mousseline noire sous un manteau d'opéra en satin duchesse violet, s'en dépouille sur le podium et révèle ainsi son corps robotisé (ill. 53, 54). Hommage

54

au personnage Futura du roman dystopique *Metropolis* – écrit en 1925 par Thea von Harbou et adapté au cinéma par son mari, Fritz Lang, en 1927 –, ce costume a nécessité six mois de travail intensif. Telle une cuirasse robotique en métal et en Plexiglass, la cuirasse de la *Maschinenmensch* s'articule au moyen d'empiècements rattachés par du cuir et du caoutchouc, et, grâce à une structure interne en plastique, elle accompagne les mouvements, sans trop pincer la peau. Lors de ce défilé spectaculaire, la *supermodel* allemande Nadja Auermann émerge des coulisses en cyborg amazone, vêtue d'un body en métal doré orné de cristaux, avec manches et gants bioniques articulés assortis. Conçu avec Jean-Pierre Delcros, ce look est par la suite adopté par de nombreuses célébrités, notamment Beyoncé, Céline Dion sur les photographies de son album *Courage* (2019), réalisées par la photographe argentine Paola Kudacki (ill. 166), et par la *top model* Irina Shayk sur la couverture du magazine 7 *Hollywood*, photographiée par Alix Malka (ill. 116). La pop star Lady Gaga (ill. 7, 62) a été l'une des premières vedettes autorisées à porter de nouveau les pièces d'archives de Mugler. Dans le clip *Paparazzi*, dirigé en 2008 par Jonas Åkerlund, elle apparaît vêtue du bikini chromé du couturier. Par la suite, elle se pare de tenues issues des anciennes collections pour ses nouveaux clips, dont celui de la chanson «Telephone», interprétée en duo avec Beyoncé en 2010. Cette dernière, qui découvre l'œuvre de Mugler à l'exposition *Superheroes* présentée au Met, lui demande de créer les costumes pour sa tournée mondiale «I Am...», en 2009. Dans la vidéo projetée à l'arrière-plan de la scène, la chanteuse américaine est couverte d'une combinaison robotique sous laquelle est fusionnée une combinaison léopard. À ce sujet, Mugler confie l'une de ses obsessions: «J'ai toujours tenté, par mon travail, de faire en sorte que les personnes paraissent plus fortes qu'elles ne le sont en réalité.»

Le bikini chromé, pièce fondatrice de l'univers robotique de Mugler, le costume de gynoïde, les bustiers, les corsets et la combinaison de cyborg dorée ornée de cristaux ont été immortalisés par les plus grands photographes, dont Helmut Newton (ill. 56, 59), Karl Lagerfeld (ill. 52) et Herb Ritts (ill. 64), sans oublier les duos d'artistes Mert & Marcus, qui ont photographié Gisele Bündchen pour leur calendrier Pirelli (ill. 66), Inez & Vinoodh, ainsi que Luigi & Iango (ill. 63). La représentation futuriste, robotique et superhéroïque de la femme par Mugler influence encore aujourd'hui la mode contemporaine et l'industrie cinématographique.

Dans la présente exposition, la scénographie des salles «Robots haute couture» et «Retour vers le futur» est conçue par l'artiste visuel et scénographe allemand Philipp Fürhofer. ★

At the frontiers of reality, Mugler's automotive bodywork-clad creatures and gynomorphic humanoids foreshadow transhumanist revolutions. The human body through his eyes is, as he explained: 'The face creates punctuation, the shoulders a foundation; the bust highlights and the hips provide the body of the structure. I am an architect who completely reshapes a woman's body'[1]. The now iconic aerodynamic and robot-style looks invented by Mugler have transformed haute couture. His inspiration was drawn from science fiction and comic heroines, medieval soldiers and riders, industrial design and futuristic vehicles. In his earlier collections, before he collaborated with industrial specialists, he experimented with techniques and materials.

As he explained: 'It was a mix of completely futuristic fabric like PVC, vinyl, and rubber mixed with traditional couture. The future is based on the past, so why not reuse things from the past to make a better future?'[2] In 1989, three years before his first haute couture collection, Mugler presented an homage to Harley J. Earl, the American industrial designer of the 1959 Cadillac Eldorado series, converting his famous tail fins into wearable chassis art pieces in his *Hiver Buick* collection (ill. 70, 71). For this ready-to-wear collection, the couturier and his collaborators created remarkable and elaborated couture objects, playfully devising detachable or 'convertible' sheath gowns, 'fender' bustiers and 'radiator' belts, not to mention a 'tail fin' bag with lights. The following year, for his *Été Hawaii* spring-summer collection, he presented a 'boat' bustier worn by Linda Evangelista that featured water-filled breast porthole windows, equipped with a compass, an engine starter, a sextant, railings and even a functional lighter! Over the years, Mugler has collaborated with Jean-Pierre Delcros, an aircraft bodywork specialist, and Jean-Jacques Urcun, an industrial designer, in developing novel techniques previously unknown to couture ateliers. Together they have created magnificent robot creatures seemingly poured into chrome and metal pieces shaped as curved basques, which gave 'bar-esque" shapes to his jackets at his first haute couture collection at the Ritz in Paris, as well as helmets and bustiers, Plexiglas corsets and bodysuits.

Mugler's all-time masterpiece is the *Maschinenmensch*, the fembot, which he created for his fall collection in 1995. At his fashion house's 20th anniversary, he had a model wear a large hat and black chiffon negligée gown under a purple duchesse satin opera coat, only to undress on the catwalk to reveal her robotized body (ill. 53, 54). Paying tribute to the character of Futura from the dystopian novel *Metropolis*—written in 1925 by Thea von Harbou and adapted for film by her husband Fritz Lang in 1927—the outfit required six months of intensive atelier work. Like a robotic armour made of metal and Plexiglass, the *Maschinenmensch's* body armour is jointed by way of pieces attached by leather and rubber; a plastic internal framework facilitates its movement over skin while also reducing the pinching on the person wearing it. In the same 1995 fashion extravaganza, German supermodel Nadja Auermann emerged from the backstage dressed as an Amazon cyborg in an embellished rhinestone corset with matching articulated bionic arm pieces and gloves. Created in collaboration with Jean-Pierre Delcros, this look would later be adopted by many celebrities, including Beyoncé, Céline Dion for her 2019 *Courage* album photo shoot captured by Argentinian photographer Paola Kudacki (ill. 166), and supermodel Irina Shayk on a cover of *7Hollywood* magazine shot by Alix Malka (ill. 116). Pop star Lady Gaga (ill. 7, 62), one of the first celebrities allowed to resurrect Mugler's archives for her 2008 *Paparazzi* music video by Jonas Åkerlund, wore multiple archive pieces like the chrome bikini not only in her videos, but also in her 2010 *Telephone* video duet with Beyoncé. The latter discovered Mugler's work in the *Superheroes* exhibition at the Met and commissioned him to design the costumes for her 2009 *I Am...* world tour. This time, the robot bodysuit was merged into a leopard for the video backdrop.

55

Mugler explained that one of his obsessions is that: 'In my work I've always tried to make people look stronger than they really are'.

The seminal chromed bikini, the fembot outfit, the bustiers, the corsets and the gold cyborg jewelled bodysuit have been immortalized by leading photographers, including Helmut Newton (ill. 56, 59), Karl Lagerfeld (ill. 52) and Herb Ritts (ill. 64), as well as photographic duos Mert & Marcus on Gisele Bündchen for their Pirelli calendar (ill. 66), Inez & Vinoodh, and Luigi & lango (ill. 63). Mugler's futuristic, robotic and superheroic women had and still have a great influence on contemporary fashion and movie industries.

In the exhibition, the galleries of *Robots Haute Couture* and *Back to the Future* have been designed by German visual artist and set designer Philipp Fürhofer. ★

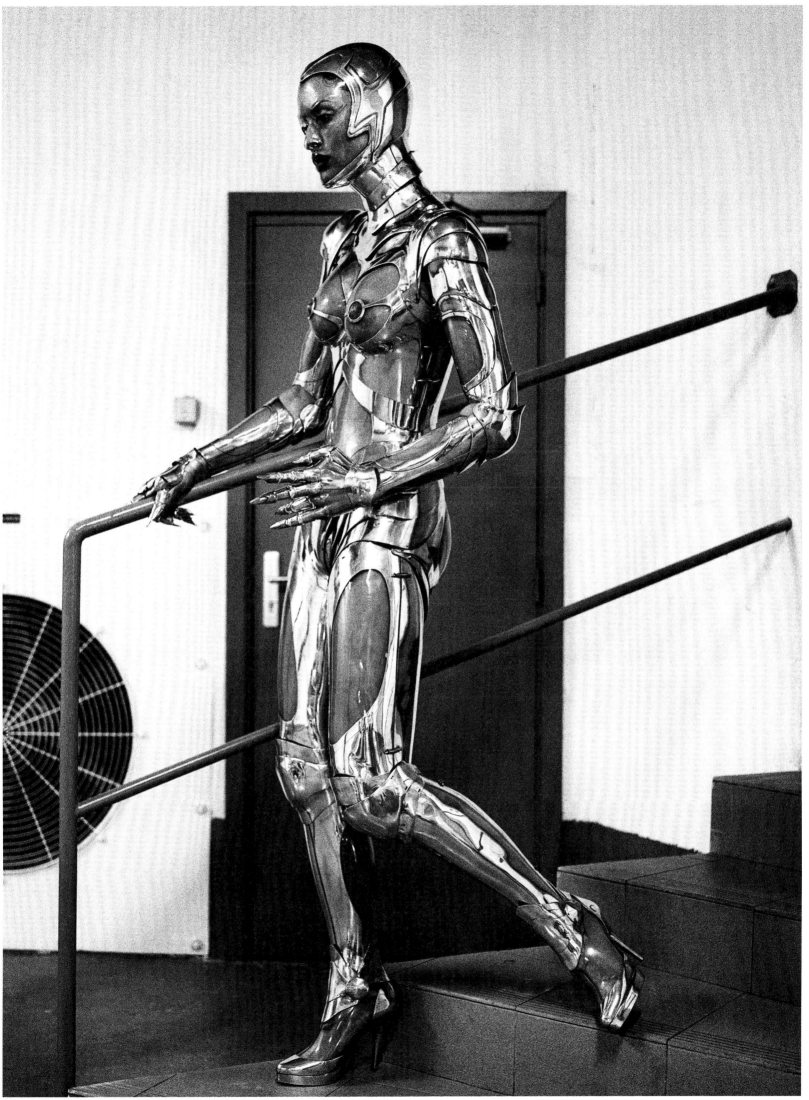

58

57 (pages précédentes)
Marco de Swart, salle *Robot Couture* par Philipp Fürhofer, exposition *Thierry Mugler. Couturissime* (Kunsthal Rotterdam), 2019-2020. / *Robot Couture* gallery by Philipp Fürhofer, *Thierry Mugler. Couturissime* exhibition (Kunsthal Rotterdam), 2019–2020.

58
Karl Lagerfeld, *Baptiste Giabiconi & Toni Garrn, Vogue Germany*, 2010.
Collection *Anniversaire des 20 ans*, AH / FW 1995-1996.
Combinaison intégrale en métal et Plexiglas, collaboration avec Jean-Jacques Urcun. / Metal and Plexiglas full-body catsuit, collaboration with Jean-Jacques Urcun.

59
Helmut Newton, *Claudia Lynx*, 1996.
Collection *Anniversaire des 20 ans*, AH / FW 1995-1996.
Combinaison intégrale en métal et Plexiglas, collaboration avec Jean-Jacques Urcun. / Metal and Plexiglas full-body catsuit, collaboration with Jean-Jacques Urcun.

59

61

60-61
Thierry Le Gouès, *Marie-Claire bis*,
1996.
Collection *Anniversaire des
20 ans*, AH / FW 1995-1996.
Combinaison intégrale en métal
et Plexiglas, collaboration
avec Jean-Jacques Urcun. / Metal
and Plexiglas full-body catsuit,
collaboration with Jean-Jacques Urcun.

62
David LaChapelle, *Lady Gaga:
I Want Your Disease*, 2009,
tirage jet d'encre / pigment print.
Collection *Superstar Diana
Ross*, prêt-à-porter PE / SS 1991.
Soutien-gorge, short
et bras articulé en métal,
collaboration avec
Jean-Pierre Delcros. / Metal bra,
shorts and articulated
arm piece, collaboration with
Jean-Pierre Delcros.

63
Luigi & Iango, *Gisele Bündchen*,
2018.
Collection *Superstar Diana
Ross*, prêt-à-porter PE / SS 1991.
Soutien-gorge et short,
collaboration avec
Jean-Pierre Delcros. / Metal bra
and shorts, collaboration with
Jean-Pierre Delcros.

64
Herb Ritts, *Helena Christensen*,
1991.
Collection *Superstar Diana
Ross*, prêt-à-porter PE / SS 1991.

63

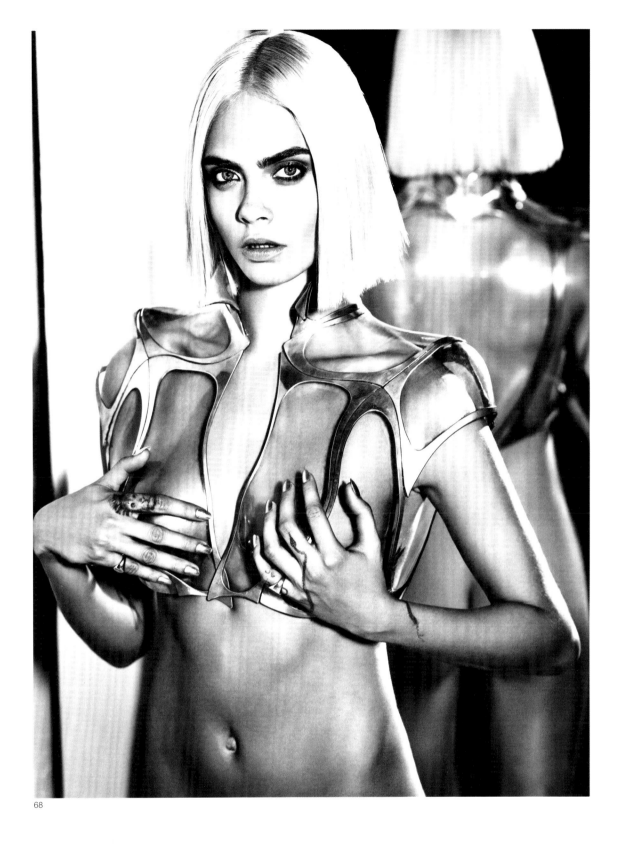

68

65
Mert & Marcus, *Saskia de Brauw*, *Interview*, 2012. Collection *Superstar Diana Ross*, prêt-à-porter PE / SS 1991.

66
Mert & Marcus, *Gisele Bündchen*, calendrier Pirelli / Pirelli calendar, 2006. Collection *Superstar Diana Ross*, prêt-à-porter PE / SS 1991. Soutien-gorge et short en métal, collaboration avec Jean-Pierre Delcros. / Metal bra and shorts, collaboration with Jean-Pierre Delcros.

67-68
Mariano Vivanco, *Cara Delevingne*, *British GQ*, 2017.

70

69
Patrice Stable, collection
Les Insectes, haute couture
PE / SS 1997.
Tailleur en caoutchouc, effet
«pneu», collaboration avec
Abel Villarreal. / 'Tire'-look
rubber suit, collaboration with
Abel Villarreal.

70
Julio Donoso, collection *Hiver
Buick*, prêt-à-porter AH / FW
1989-1990.
Bustier en Plexiglas et chrome. /
Plexiglas and chrome bustier.

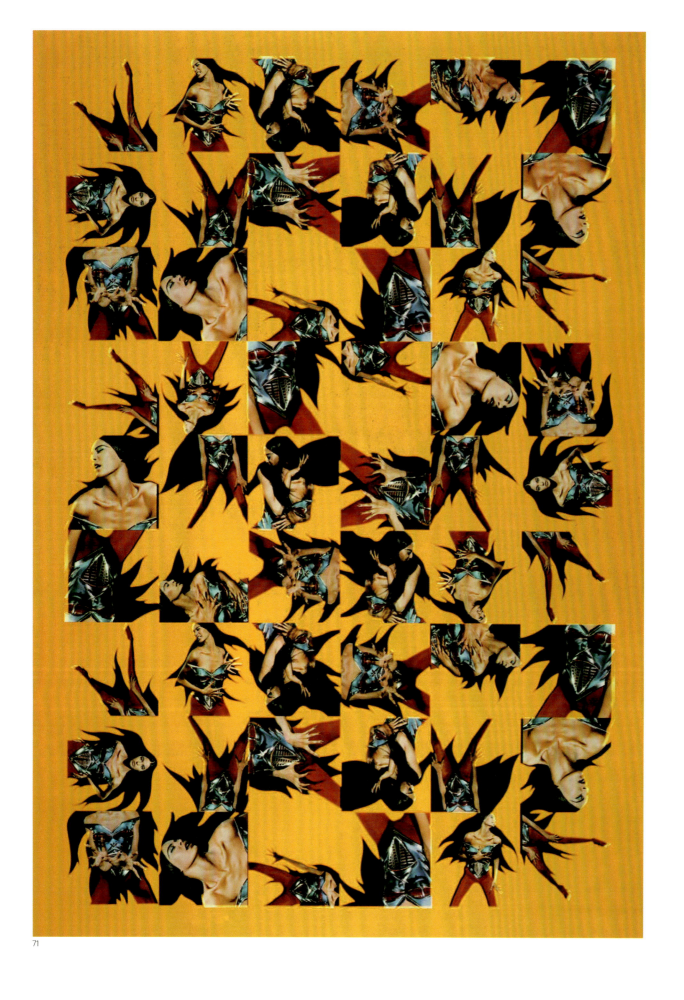

71
Stéphane Sednaoui, *Laurence
Treil, Fashion Heroes, The Face*,
1989.

72
Emil Larsson, *Tron jacket*, 2022.
Collection *Music-hall*,
prêt-à-porter AH/FW 1990-1991.

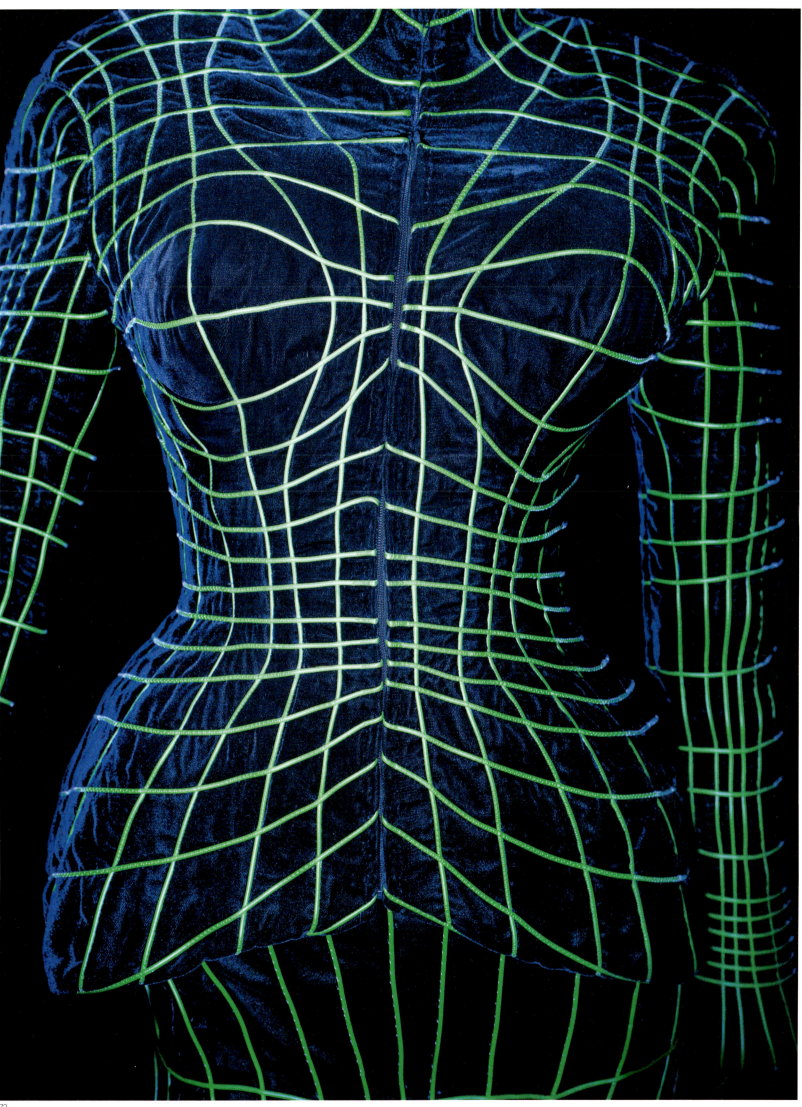

73
Peter Knapp, *Stern*, 1979.
Collection *Spirale futuriste*,
prêt-à-porter AH / FW 1979-1980.

74
Thierry Mugler, *Stepanek &
Anna Johnson, monument
des Conquérants de l'espace*
(Moscou), 1986.

75
Illustration de Thierry Mugler. /
Sketches by Thierry Mugler.
Collection *Hiver russe*,
prêt-à-porter AH / FW 1986-1987.

UNE MODE D'AVANT-GARDE ET INTEMPORELLE

En 1971, Didier Grumbach, acteur clé dans la transformation de la couture et du prêt-à-porter, fonde Créateurs et Industriels avec l'architecte d'intérieur Andrée Putman. Avec cette société, qui a pour mission d'établir des liens entre manufacturiers et jeunes créateurs de prêt-à-porter et de textiles, le duo veut faire de Paris la capitale mondiale de la mode et financer la tenue de défilés, à une époque où une nouvelle génération de stylistes japonais, britanniques et italiens prend son essor. Animé d'une volonté semblable de soutenir les jeunes talents, Pierre Bergé, cofondateur de la maison Yves Saint Laurent, constitue en 1973 la Chambre syndicale du prêt-à-porter des couturiers et des créateurs de mode ainsi que la Chambre syndicale de la mode masculine, dont il devient le président. En 1978, Andrée Putman (ill. 10), bien avant de réaménager le Concorde d'Air France, l'hôtel Morgans à New York et le bureau du ministre français de la Culture, ou encore de concevoir le fameux bureau minimaliste du Premier ministre à l'hôtel Matignon, dessine la première boutique de Thierry Mugler à Paris, au 10, place des Victoires. Ce dernier y présente la même année sa première collection mixte, *Hiver militaire*. Dans cet espace de deux étages, où dominent les tons or d'une mosaïque byzantine futuriste réfléchie par des miroirs, on atterrit sur la planète Mugler : du sol au plafond, des carreaux de céramique dorés tapissent l'escalier, et le visiteur est immergé dans un décor de film de science-fiction digne de *Rencontres du troisième type*, sorti en salle l'année précédente.

75

COLLECTION AUTOMNE/HIVER 1986/87

Mugler crée pour l'homme un look austère – épaules larges, hanches étroites et pantalon fuselé – qui révolutionne la mode masculine des années 1980, tout comme l'arrivée de matières telles que l'élasthanne et la *cool wool* (un type de laine vierge légère adapté à la saison estivale), qui facilitent les coupes lâches en vogue chez les jeunes créateurs japonais de l'époque. Mugler propose une vision radicale de la mode féminine, qui permet aux femmes de se mettre en scène au quotidien : en adoptant les looks extrêmes du couturier, elles se réinventent en danseuses de revue, en élégantes séductrices ou en vedettes pop. La campagne publicitaire de la collection de l'automne-hiver 1979-1980, photographiée par Joe Gaffney (ill. 90), présente la mannequin française Inès de la Fressange vêtue de créations futuristes, notamment des écharpes et des combinaisons structurées grâce à du fil métallique, de tenues intégralement vert citron et de robes en lamé avec pantalon assorti. Les silhouettes militaires rigides, les uniformes et la notion de multitude, de multiplication séduisent le créateur. « L'idée d'une "armée Mugler" me plaît, affirme-t-il un jour. Dans mes défilés, j'habille souvent des garçons et des filles exactement de la même manière (ill. 74-76). Certains me le reprochent, me disant que si c'est là ma vision du futur, elle est monstrueuse. Je pense tout à fait le contraire. Je trouve cela très beau. Cela laisse voir ce qui distingue véritablement chaque être humain. Quand tout le monde est habillé de la même façon, on ne peut plus voir qu'une seule chose : la vraie

personnalité de chaque individu[1]. » La femme Mugler est sexy, bien sûr, mais elle déborde également d'assurance dans sa combinaison métallique près du corps (ill. 14), ou encore dans sa robe à traîne « couleur du temps » iridescente en soie nacrée, plissée et dotée d'un col Médicis par lequel « la silhouette est tirée vers le ciel par les épaules », comme l'explique le créateur dans l'édition d'août 1979 du *Vogue Paris* (ill. 86), précisant que « les manches fines du haut et larges du bas sont très "montées" sous les bras, très moulantes jusqu'au coude, puis s'évasent en auréolant le poignet. C'est la manche achéménide[2] » ; la femme Mugler est tout aussi séduisante dans ses blazers ultra-épaulés ou dans ses robes à paillettes moulantes pourvues de nageoires (ill. 50, 51) dont raffole David Bowie. Juchée sur des talons aiguilles vertigineux, elle fait la navette entre le Sept et le Palace, deux boîtes de nuit comparables au Studio 54, qui sont des incontournables de la vie nocturne à Paris de 1978 à 1981. Mugler imagine l'uniforme des serveurs du Palace : une combinaison en coton rouge avec épaulettes dorées en forme de coquillages et ceinture en lamé or dont la boucle évoque des cornes. Pour la couverture de leur album *Avoid Freud*, Kevan Staples et Carole Pope (ill. 174, 175), du groupe de musique *new wave* canadien Rough Trade, sont habillés de combinaisons « anatomiques héroïques » noir et blanc en gabardine de coton surpiqué. Dans leur hit de 1979, « Fashion Victim », ils clament : *Montana/Fendi/ Lagerfeld/Mugler/Kenzo/ Chloé/I'm a victim of fashion and accessories* (« Montana/Fendi/Lagerfeld/ Mugler/Kenzo/Chloé/Je suis victime de la mode et des accessoires »). La mode est devenue branchée.

On se souvient évidemment de François Mitterrand, président de la République française de 1981 à 1995, pour avoir changé le paysage architectural de Paris en y intégrant la pyramide du Louvre, la Grande Arche et l'Opéra Bastille, mais aussi pour avoir aboli la peine de mort et donné une voix aux minorités, en particulier aux homosexuels. En octobre 1984, avec la première dame Danielle Mitterrand, cliente chez Mugler, il tient au palais de l'Élysée une réception en l'honneur des créateurs de mode français. À cette première rencontre entre l'État et l'industrie de la mode sont présents Jack Lang, alors ministre de la Culture, Thierry Mugler, ainsi que Madame Grès, Jean-Charles de Castelbajac, Jean Paul Gaultier, Pierre Bergé et les actrices Carole Bouquet, Anouk Aimée et Isabelle Huppert (ill. 8) ; cette dernière sera d'ailleurs dirigée par Mugler dans un court métrage en 1990. À cette occasion, le président Mitterrand déclare : « Je crois que l'on doit traiter la mode autour de deux idées. La première est qu'il s'agit d'un art. On dira un art "mineur". Qui le sait ? Pour ma part, j'observe qu'il s'agit, en raison même de son importance, d'un art majeur. La création des styles de mode peut être considérée comme l'un des beaux-arts. Telle était déjà la pensée de grands créateurs d'autrefois. Mallarmé avait créé un journal de mode en 1874 et, parmi ses collaborateurs, il y avait François Coppée, L'Isle-Adam, Émile Zola. » Avant d'ajouter, au sujet du prêt-à-porter, qu'« il s'agit plutôt de prêt-à-vivre. [...] C'est la vie même[3] ». ★

AVANT-GARDE
AND TIMELESS FASHION

n 1971, Didier Grumbach, a key player in the transformation of couture and ready-to-wear, launched Créateurs & Industriels with French industrial designer Andrée Putman. With a mission to create bridges between manufacturers and young ready-to-wear and textile designers, the duo wanted to make Paris the capital of global fashion and to fund runway shows, as a new generation of Japanese, British and Italian designers was rising. In 1973, driven by a similar desire to support young talent, Yves Saint Laurent co-founder Pierre Bergé created the Chambre Syndicale du Prêt-à-Porter des Couturiers et des Créateurs de mode and the Chambre Syndicale de la Mode Masculine, of which he became president. In 1978, years before redesigning the interior of the Air France Concorde, the Morgans Hotel in New York, the offices of the French Ministry of Culture and the famous minimalist desk of the French Prime Minister at Hôtel de Matignon, Andrée Putman (ill. 10) created Thierry Mugler's first Paris boutique, located at 10 place des Victoires. That same year Mugler presented his first mixt collection, *Hiver militaire*. Over two levels, in a golden decor of mirrored futuristic Byzantine ceramic tiles, it was Planet Mugler with gold rocks from floor to ceiling lining up the staircase, like a sci-fi movie set that could have been used for *Close Encounters of the Third Kind*, which had been released the year before.

The austere Mugler men's look, with its broad shoulders, narrow hips and tapered pants, revolutionized 1980s men's fashion, as did the arrival of fabrics like elastane and Cool Wool, a lightweight tropical virgin wool which facilitated looser constructions that were popular with the young Japanese fashion designers of the time. Mugler's radical vision of women's fashion allowed them to stage their daily lives and become showgirls, glamorous vamps and pop stars, wearing extreme looks. In Mugler's fall 1979 advertising campaigns shot by Joe Gaffney (ill. 90), French model Inès de la Fressange wore futuristic creations that included wired scarves and jumpsuits, total neon green looks, and lamé dresses with matching pants. The designer was fond of strict military silhouettes, uniforms, and the idea of multiplicity. 'I love the idea of a "Mugler" army, he once said. In my shows, I often have boys and girls dressed exactly alike. (ill. 74-76) I love the idea. Some people give me a hard time about that, saying that if it is how I see the future, then it's monstrous. It is just the opposite I think. I find that very beautiful and it lets people see the real difference between each human being. When everyone's dressed the same, the only thing you can see is the real personality of each individual'[1]. The Mugler

Anatomique Olympique

COLLECTION PRINTEMPS/ÉTÉ 1984

76

woman is not only sexy, but confident in her metallic anatomical jumpsuit (ill. 14), her *couleur du temps* iridescent mother-of-pearl silk pleated train dress with a Medici collar that 'pulls her up to the sky, with the sleeves very tight to the elbow going up close under the arm and creating a halo around the wrist, the *Achéménide* sleeve'[2], as he describes it in the August 1979 issue of *Vogue Paris* (ill. 86), her extra-large sculpted shoulder blazers, or the body conscious sequin dresses with fins (ill. 50, 51) prized by David Bowie. Heightened by her vertiginous stilettos, she goes back and forth between the Le Sept and Le Palace nightclubs, the French equivalents of Studio 54 in the nightlife mecca of Paris from 1978 to 1981, for which Mugler also designed the bartenders' uniforms—a red cotton jumpsuit with gilded, shell-shaped epaulettes and a gold lamé 'horn' belt buckle. Dressed in black and white Mugler 'anatomically heroic' topstitched cotton gabardine jumpsuits for their *Avoid Freud* album cover, Kevan Staples and Carole Pope (ill. 174, 175) of the Canadian new wave band Rough Trade wrote in their 1979 hit 'Fashion Victim': 'Montana/Fendi/Lagerfeld/Mugler/Kenzo/Chloé/I'm a victim of fashion and accessories'. Fashion had become trendy.

François Mitterrand, President of France from 1981 to 1995, is no doubt remembered not only for changing Paris' architectural landscape with the Louvre Pyramid, La Grande Arche and the Opéra Bastille, but also for abolishing the death penalty and offering a voice to minorities, particularly homosexuals. In October 1984, he organized with First Lady Danielle Mitterrand, a Mugler client, a reception in honour of French designers at the Élysée Palace. This first meeting between the government and the fashion industry was attended by Jack Lang, then French Minister of Culture, Thierry Mugler, as well as Madame Grès, Jean-Charles de Castelbajac, Jean Paul Gaultier, Pierre Bergé and actresses Carole Bouquet, Anouk Aimée and Isabelle Huppert (ill. 8), the latter of which Mugler would direct in a 1990 short film. President Mitterrand declared: 'I believe that fashion should be discussed from two points of view. The first is that it is an art. It could be called a "minor" art, but who can say? I for one would observe, for the very reason of its importance, that it is a major art. Indeed, the creation of fashions may be considered one of the fine arts. The great creative talents of the past thought so. In 1874, Mallarmé created a fashion magazine whose contributors included François Coppée, L'Isle-Adam and Émile Zola', adding about the ready-to-wear: 'It is rather ready-to-live. [...] It is life itself'[3]. ★

76
Illustration de Thierry Mugler. /
Sketches by Thierry Mugler.
Collection *Été olympique*,
prêt-à-porter PE / SS 1984.

77
Thierry Mugler, *Stepanek &
Angela Wilde, statue de Vera
Moukhina* «L'Ouvrier et la
Kolkhozienne» (Moscou), 1986.

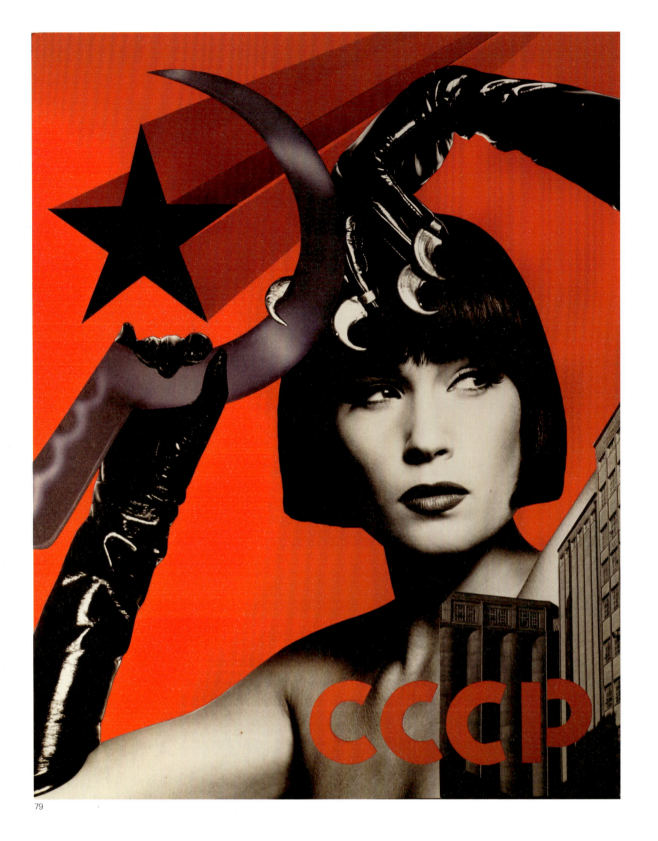

79

78 (pages précédentes)
Nicolas Ruel, exposition /
exhibition *Thierry Mugler.
Couturissime* (Musée des beaux-
arts de Montréal), 2019.
De gauche à droite : / From left
to right:
1. Collection *Sirène galactique*,
prêt-à-porter PE / SS 1979.
Combinaison de travail à liseré. /
Piping-trimmed jumpsuit.
2. Collection *Hiver des boîtes*,
prêt-à-porter AH / FW 1980-1981.
Ensemble anatomique pour
homme. / Form-fitting men's jacket.
3. Collection *Hiver militaire*,
prêt-à-porter AH / FW 1978-1979.
Robe en lamé entièrement plissée,
pantalon assorti. / All-over pleated
lamé dress, matching pants.
4. Collection *Les Méduses*, haute
couture AH / FW 1999-2000.
Fourreau lumineux décolleté à
quilles. / Long sheath illuminated
with 'keel' décolleté.
5. Collection *Hiver des boîtes*,
prêt-à-porter AH / FW 1980-1981.
Combinaison portefeuille à
revers colorés. / Jumpsuit with
colour-blocked crossover top.
6. Collection *Les Aviateuses*,
prêt-à-porter AH / FW 1987-
1988. Combinaison unisexe en
gabardine de coton et lamé avec
châle intégré. / Cotton gabardine
unisex jumpsuit with lamé shawl.

79
Indùstria (Brad Branson & Fritz
Kok), *Tania Colridge, Blitz*, 1987.
Collection *Hiver russe*,
prêt-à-porter AH / FW 1986-1987.

80
Indùstria (Brad Branson & Fritz
Kok), *Tania Colridge, Blitz*, 1987.
Collection *Hiver russe*,
prêt-à-porter AH / FW 1986-1987.
Blouson en caoutchouc
thermomoulé, collaboration avec
Jean-Jacques Urcun. / Heat-moulded
rubber waist jacket, collaboration
with Jean-Jacques Urcun.

81

81-84
Peter Knapp, *Stern*, 1979.
Collection *Spirale futuriste*,
prêt-à-porter AH / FW 1979-1980.

83

86

88

89

88-89
Photographe non identifié, /
Unknown photographer,
collection *Hiver des anges –
10 ans*, prêt-à-porter AH / FW
1984-1985.
Robe en jersey ornée de
lamé plissé. / Jersey gown
embellished with pleated lamé.

90
Joe Gaffney, *Inès de la
Fressange* (aéroport Charles-
de-Gaulle / Charles de Gaulle
Airport), 1979.
Campagne publicitaire. /
Advertising campaign.
Collection *Spirale futuriste*,
prêt-à-porter AH / FW 1979-1980.

Adolescent rebelle, à Strasbourg, Mugler dort parfois à la belle étoile sur les bancs dans les parcs. Le jeune homme remarque «une étoile bleuâtre brillant plus que les autres[1]». Évoquant ces souvenirs, Mugler confie : «J'avais le sentiment qu'elle m'accompagnait, qu'elle me guidait, qu'elle était mon ange gardien. Je me suis alors dit qu'un avenir meilleur m'attendait sûrement. Cette étoile, elle était venue à moi.» Cet astre constitue la principale inspiration du couturier pour son premier parfum. En octobre 1979, un an avant le lancement des parfums *Opium* de Saint Laurent et *Anaïs Anaïs* de Cacharel, amenés à connaître un vif succès, Mugler annonce dans le quotidien de mode *Women's Wear Daily* : «J'explore le monde des parfums. Je cherche une odeur si exquise qu'on aura envie d'en manger[2].» Ce parfum insaisissable, qui incarne à la fois un rêve d'enfant et d'adulte, devient réalité en 1992 avec *Angel*, une composition olfactive révolutionnaire.

Mugler travaille dès 1990 à l'élaboration de son premier parfum en collaboration avec le parfumeur français Olivier Cresp, Christian Courtin et Vera Strübi. Mugler lance le parfumeur sur une piste bien précise : il veut «une odeur de chocolat et de caramel, un jus classique qu'un petit garçon pourrait offrir à sa mère». Il partage aussi avec lui les souvenirs de boulangeries et de confiseries de son enfance, ainsi que ses réminiscences olfactives de son élégante mère se préparant pour une soirée, entourée des effluves boisés et floraux du parfum *Shocking* de Schiaparelli. Après plus de 600 essais, Cresp crée une base de vanille. Il y ajoute de l'éthyl-maltol (aussi appelé veltol), une molécule synthétisée en 1969 par le laboratoire suisse Firmenich, qui est six fois plus puissante que son analogue, le maltol. Son profil aromatique rappelle les fruits confits, la praline et le caramel. Jusque-là utilisé uniquement comme aromatisant dans l'industrie alimentaire, il est employé pour la première fois en parfumerie avec *Angel*, donnant ainsi naissance à une nouvelle catégorie de parfums dits «gourmands». Outre la barbe à papa, les notes de tête sont un mélange de fruits tels que la noix de coco, la mûre, le melon, la bergamote, la mandarine et l'ananas ; elles sont suivies, en notes de cœur, par le miel, les fruits rouges, la mûre, la prune, le jasmin, l'abricot, la pêche, l'orchidée, la muscade, la rose, le carvi et le muguet. En notes de fond : patchouli, chocolat, caramel, vanille, fève tonka, ambre, musc et santal. Avec une approche audacieuse et innovante, que l'on retrouve dans sa mode, cette composition olfactive inédite propose des accords sans précédent. Bousculant les codes et surtout les tendances de la parfumerie traditionnelle, elle est en rupture totale avec ce qui est offert à l'époque. *Angel* n'est pas qu'une nouveauté, c'est une invention.

Mugler, le rêveur, est extrêmement fier du flacon d'*Angel*, qui prend la forme d'une étoile à cinq branches en verre bleu ciel «hautement symbolique et porte-bonheur», estime-t-il. Le flacon est conçu par l'artiste français Jean-Jacques Urcun, l'homme derrière les fameuses créations robotiques chromées de Mugler, entre autres choses. Le couturier sollicite plusieurs designers spécialisés dans le *packaging* de flacons pour l'élaboration de celui d'*Angel*. Il raconte : «Ils m'ont proposé tout ce qui était le plus cliché, des bouteilles avec des épaulettes et une taille fine, etc. Je voulais une étoile. Ça n'existait pas, mais j'étais persuadé que mon ami Jean-Jacques Urcun trouverait un moyen de le réaliser.» Le bleu clair singulier de l'étoile Mugler est présent partout :

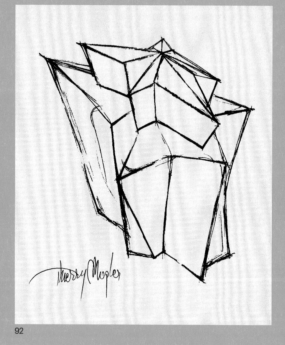

92

dans ses boutiques, sur ses étiquettes, dans son appartement minimaliste et dans l'immeuble à huit étages de la rue aux Ours, dans le Marais, qui abrite ses bureaux et ses ateliers. Cette couleur presque impossible à reproduire, à la fois céleste et glaciale, se trouve «à ce point de rencontre insaisissable entre la mer et le ciel, dans l'infini de l'horizon», explique le couturier. Le créateur est sans doute en avance sur son temps : le flacon ne peut être produit qu'en nombre limité, car sa fabrication exige de véritables prouesses techniques exécutées uniquement à l'aide d'une méthode de moulage novatrice employée par Verreries Brosse, une verrerie haut de gamme installée en Normandie. Urcun, designer industriel de génie, se souvient : «Avec la technique de retournement développée par Brosse, inspirée du rotomoulage des plastiques, qui permet de distribuer uniformément la matière sur le moule, la fabrication du flacon a été rendue possible. Il suffit que le moule se retourne lors du soufflage pour que le verre encore en fusion nourrisse les épaules du flacon. La répartition du verre est ainsi maîtrisée[3].» Une fois les défis de la création du parfum gourmand et de son flacon accomplis, la commercialisation du produit est entravée par un nouvel obstacle : sa couleur bleue, que Mugler désirait. Il s'explique :

«On avait enfin le jus. Il restait à en choisir la couleur. Il était hors de question de produire un parfum bleu : il paraît que les femmes n'aiment pas cette couleur parce qu'elle tache. On a essayé avec un colorant naturel, mais l'étoile est alors devenue jaune. On a finalement réussi à élaborer une couleur bleue convenable. Ça prouve que, quand une idée est bonne, il faut avoir suffisamment d'intégrité pour la respecter[4].»

Mugler est un artiste pluridisciplinaire : la mode est l'un des multiples univers du couturier visionnaire, qui est également réalisateur, metteur en scène, photographe et parfumeur. Le déclic de Mugler pour la photographie se produit en 1976, quand il demande à Helmut Newton de photographier ses campagnes publicitaires. Le créateur de mode intervient constamment durant les séances, ce qui fait fulminer le photographe allemand. Celui-ci lui rétorque alors : «Si tu es si sûr de ce que tu veux, pourquoi tu ne le fais pas toi-même?» Mugler ne se le fait pas dire deux fois : il plonge et, inspiré par son imaginaire peu conventionnel, il crée ses propres images pour ses campagnes, tout en collaborant avec Newton pendant plus de vingt ans. Pour la première campagne publicitaire d'*Angel*, Mugler capture une image vertigineuse de la mannequin française Estelle Lefébure. La jeune femme semble vouloir décrocher les étoiles du haut du Chrysler Building à New York avec en arrière-plan les tours jumelles aujourd'hui disparues. Il photographie ses muses (notamment Iman et Jerry Hall) vêtues de ses créations dans des lieux difficilement accessibles, et ainsi préservés : sur un iceberg au Groenland, au milieu des dunes du Sahara, ou encore perchées sur les aigles du Chrysler Building (ill. 131) ou sur les toits de l'Opéra Garnier (ill. 5), à Paris. Fasciné par la composition et l'immensité éblouissante des paysages naturels, Mugler conserve aussi, parmi ses influences, le souvenir de la cathédrale gothique de son enfance en Alsace, ainsi que les esthétiques Art déco, soviétique et futuriste. Il photographie par la suite de nombreuses campagnes : on retient l'image de la sculpturale et célèbre Jerry Hall, vêtue d'une robe couture à paillettes, allongée dans les dunes du parc national White Sands, au Nouveau-Mexique (ill. 91), en 1995. Sa fille, Georgia May Jagger, devient l'ambassadrice du parfum en 2014. Les vedettes de cinéma Eva Mendes et Naomi Watts (ill. 167, 168) jouent aussi les anges pour Mugler. En 1996, le couturier lance son premier parfum pour hommes, *A*Men*, avant de proposer *Alien*, en 2005, qui connaît un grand succès et est suivi de *Womanity* en 2010, *Aura* en 2017 et *Les Exceptions*, composé de douze notes revisitant les grands thèmes de la parfumerie haut de gamme – le bois, l'ambre, le cuir et le musc. ★

94A

94B

91
Thierry Mugler, *Jerry Hall*
(Nouveau-Mexique / New
Mexico), 1995.
Campagne publicitaire
du parfum *Angel*. / *Angel*
perfume advertising
campaign.
Collection *Superstar Diana
Ross*, prêt-à-porter PE / SS
1991.

92
Thierry Mugler, croquis pour
le parfum *Angel*. / Sketch
for the perfume *Angel*, 1992.

93
Jacques Giaume, parfum
Angel. / *Angel* perfume, 2008.

94A
Thierry Mugler, *Amy Wesson*,
1998.
Campagne publicitaire *Planète
Cristal* du parfum *Angel* /
Planète Cristal advertising
campaign for *Angel* perfume.

94B
Thierry Mugler, *Jerry Hall*
(Nouveau-Mexique / New
Mexico), 1995.
Campagne publicitaire
du parfum *Angel*. / *Angel*
perfume advertising
campaign.

93

95A

95B

95A
Thierry Mugler, *Stuart Gouldstone & Anna Eirikh* (Atacama Desert, Chili / Chile), 2001. Campagne publicitaire du parfum *Mugler Cologne* / *Mugler Cologne* perfume advertising campaign.

95B
Thierry Mugler, *Felicity Gilbert*, 2009. Campagne publicitaire du parfum *Alien* / *Alien* perfume advertising campaign.

96
Flacon de parfum *Alien* / *Alien* perfume bottle.

During his rebellious teen years in Strasbourg, Mugler sometimes slept on public benches in parks. On starry nights, he would always notice 'this bluish star that always shone more brightly than the others', as he remembers. 'I felt that it was following me, guiding me, that it was my guardian angel, and told myself there must be something better that was going to happen for me. The star came to me'[1], and ultimately it became the main inspiration for the design of his first perfume. Already in October 1979, a year after the successful launch of the perfumes *Opium* by Saint Laurent and *Anaïs Anaïs* by Cacharel, he announced in the fashion trade magazine *Women's Wear Daily*: 'I am experimenting with perfume. I want a fragrance so delectable that you will want to eat it'[2]. That elusive scent which would embody his childhood and adulthood dream was achieved in 1992 with a pioneering olfactory composition, *Angel*.

From 1990, Mugler worked in collaboration with French perfumer Olivier Cresp, Christian Courtin and Vera Strübi on the development of his first fragrance. Mugler had spoken to him about specific ideas: 'a scent of chocolate and caramel, a classic fragrance a little boy would give his mother'. He also told him about his youth memories of bakeries and candy stores, as well as the olfactory memory of watching his glamorous mother getting dressed and ready for parties wearing the woody floral Schiaparelli perfume, *Shocking*. After more than six hundred trials, an vanilla base was created. Cresp added ethyl maltol—a molecule synthesized in 1969 by Swiss company Firmenich, also known as veltol—that is six times more powerful than its analogue, maltol. Its aromatic profile evokes candied fruit, sugared almonds and caramel. Used only in the food industry as a flavour enhancer, ethyl maltol made its perfumery debut with *Angel*, creating a whole new category of what are now called 'gourmand' fragrances. Besides the candyfloss smell, the top notes of the fragrance are a mix of fruit like coconut, blackcurrant, melon, bergamot, mandarin and pineapple. They are followed by heart notes of honey, red berries, blackberry, plum, jasmine, apricot, peach, orchid, nutmeg, rose, caraway and lily of the valley, and base notes of patchouli, chocolate, caramel, vanilla, tonka bean, amber, musk and sandalwood. With a daring approach as innovative as we find in his fashion, this singular olfactory proposal offered unprecedented accords. Shaking up the codes, especially the trends of traditional perfumery, it broke completely with what was available and fashionable at the time. *Angel* is not just a novelty, it is an invention.

The utopian Mugler is extremely proud of the concoction of Angel's bottle, a five-pointed star sky blue glass bottle, 'which represents a strong symbolic, a good luck charm' as he says. The bottle was created with French artist Jean-Jacques Urcun, the man behind Mugler's iconic chrome robotic pieces, among other things. Many experts and designers specialized in bottle design were contacted for its creation. Mugler remembers: 'Every proposal was a Mugler cliché—bottles with shoulder pads and narrow waists, and so on. I wanted a star. That didn't exist, but I was convinced that my friend Jean-Jacques Urcun would find a way to create it'. That singular light blue was used

96

throughout his boutiques, on his labels, in his minimalist apartment, and in the eight-story Marais building on Rue aux Ours that housed his offices and ateliers. Both celestial and glacial, the specific Mugler blue is a colour almost impossible to reproduce, 'in that impalpable place where the sea and the sky meet, limitless horizon' as he explained. Perhaps too far ahead of its time, the bottle could only be manufactured in limited numbers, as it represented a veritable technical challenge in glass-making due to the innovative casting technique used by Normandy-based high-end glassmaker Verreries Brosse. The industrial design wizard Urcun explained: 'The turning technique developed by Brosse, inspired by the rotational moulding used for plastics that enables the even distribution of a material on a mould, made producing the bottle possible. The mould simply had to be turned round during the glassblowing process so that the still-molten glass would fill out the shoulders of the bottle. In that way the distribution of the glass material was controlled'[3]. As if the revolution brought by a gourmand perfume and a star shaped bottle was not enough, another challenge that would impact marketing came from Mugler: the colour of the juice. He explains that his idea was: 'We finally had the juice, and then we had to pick a colour. It was out of the question to make a blue perfume, as it is believed that women don't like this colour because it stains. They tried a natural colour, but the star ended up being yellow... It ended up finally working with the colour blue, which goes to show that when the idea is good, you must have the integrity to respect it'[4].

Mugler is a multidisciplinary artist: fashion is part of the multiple worlds of the visionary couturier, director, photographer and perfumer. The trigger for Mugler's interest in photography came in 1976, when he asked Helmut Newton to do an advertising campaign for him. Mugler interfered constantly during the shooting, and remembers the German photographer fulminating: 'If you're so sure about what you want, then why don't you do it?' Mugler jumped right in and, inspired by his own extraordinarily unconventional world, created his own visuals for campaigns, while also collaborating with Newton for more than twenty years. For *Angel*'s first advertising campaign, the couturier created a vertiginous image where French model Estelle Lefébure reached for the stars on the Chrysler Building in New York with the defunct Twin Towers in the background. He photographed his muses such as Iman and Jerry Hall wearing his designs in far, unspoiled and hard-to-reach places: on an iceberg in Greenland; amid the dunes of the Sahara; atop the eagles of the Chrysler Building (ill. 131); and on the roof of the Paris Opera (ill. 5). Fascinated by breath-taking architecture and the immensity of natural settings, Mugler continued to be influenced by the memory of the Gothic cathedral from his childhood in Alsace, as well as Art Deco, Soviet and futuristic aesthetics. Many campaigns followed, among them the iconic bombshell Jerry Hall laying down in a sequin couture dress on the dunes of White Sands National Park in New Mexico (ill. 91) in 1995; her daughter Georgia May Jagger became spokesperson for the perfume in 2014. Silver screen stars Eva Mendes and Naomi Watts (ill. 167, 168) also took on the role of Mugler angels. In 1996, he launched his first men's fragrance, *A*Men*, which was followed in 2005 by the successful perfume *Alien*, and later many others including bestsellers like *Womanity* in 2010, *Aura* in 2017, as well as *Les Exceptions*, which feature twelve different scents reinterpreting the greatest themes in high-end perfumery from wood, amber, leather and musk. ★

HELMUT

NEWTON &

THIERRY MUGLER

GLAMAZONES ET
GUERRIÈRES MODERNES
GLAMAZONS AND
MODERN WARRIORS

Dans les années 1960, la photographie de mode, indissociable de l'essor des magazines, s'impose et supplante les illustrations. À l'époque, les annonceurs publicitaires n'appartiennent pas à de puissants groupes de luxe. Les rédacteurs en chef, dont le rôle gagne alors en importance, ont toute liberté pour soutenir leurs jeunes talents favoris, qu'il s'agisse de mannequins, de photographes ou de couturiers. Francine Crescent, qui dirige *Vogue Paris* de 1968 à 1987, lance la carrière de Thierry Mugler et de nombreux autres créateurs prometteurs. Dans un entretien qu'il accorde au magazine en 2017, Karl Lagerfeld parle d'elle en ces termes : « Son *Vogue* a été le plus courageux. [...] Elle prenait le risque de se faire virer tous les mois[1]. » Cette visionnaire donne carte blanche à deux talents, deux grands provocateurs qui bousculent les normes de la photographie de mode et contribuent au succès du magazine : l'Australo-Allemand Helmut Newton et le Français Guy Bourdin. Leurs impétueuses « glamazones », qui occupent sans vergogne des doubles pages, règnent sur un monde où la présence des hommes, nullement indispensable, est même plutôt superflue. Au début des années 1970, dans la foulée du mouvement de libération de Mai 68, la femme émancipée est incontestablement reine.

Mugler et Newton, deux visionnaires éminemment compatibles, collaborent durant plus d'un quart de siècle. Newton photographie de redoutables séductrices, des femmes toujours imposantes, voire intimidantes. Ses images, qui transcendent les codes classiques de la narration, allient élégance subtile et provocante, références culturelles diverses et génie pictural. À la fois polysémiques et intemporelles, nombre des photographies de Newton sont devenues de véritables légendes, comme ses séries *Big Nudes* et *Naked and Dressed*. Ses images de femmes vêtues de créations Mugler posant dans des scènes de crime fictives ou dans des décors à l'atmosphère de satire sociale conjuguent sex-appeal audacieux et élégance raffinée. En matière de composition, le photographe emprunte des stratégies issues du surréalisme et explore le concept de mise en abyme ainsi que la juxtaposition de silhouettes nues et habillées. Newton choisit de photographier la collection *Lingerie Revisited* de Mugler dans un chantier de Monte-Carlo ; l'aspect brut et inhospitalier du site tranche de manière frappante avec l'image habituelle du lieu prestigieux.

Aujourd'hui, la photographie de mode s'est affranchie des magazines pour devenir un mode d'expression à part entière, une forme d'art en soi, que l'on expose et que l'on collectionne. Le caractère ambigu et le génie pictural des œuvres de Newton leur ont valu leur renommée. De nombreux collaborateurs – dont la Fondation Helmut Newton à Berlin, qui s'associe pour la première fois à un musée consacré à la mode – ont contribué à faire de cette exposition une réalité.

An inextricable part of the magazine boom, fashion photography came into its own in the 1960s, supplanting fashion illustrations. Back then, advertisers did not belong to powerful luxury groups. As their role grew in scope, editors-in-chief had free rein to support their favourite young talents, whether models, photographers or designers. At the helm of the French edition of *Vogue* from 1968 to 1987, Francine Crescent propelled the career of Thierry Mugler and many other up-and-coming designers. Karl Lagerfeld said in a 2017 interview for the magazine: '"Her" *Vogue* was the bravest. [...] She was taking the risk of being fired every month'[1]. She gave carte blanche to two masters and provocateurs who upended the norms of contemporary fashion photography and contributed to the success of the magazine: German-Australian Helmut Newton and Frenchman Guy Bourdin. Their powerful 'Glamazons' were splashed across double-page spreads, dominating a world where the presence of men was not mandatory or even needed. In the early 1970s, the emancipated women of the post-May 68 liberation movement reigned supreme.

Highly compatible visionaries, Mugler and Newton collaborated for over a quarter century. Newton photographed powerful— always formidable, if not intimidating—seductresses. Transcending traditional narrative modes, his images feature an intermingling of subtle and shocking elegance, diverse cultural references and pictorial wit. Both polysemic and timeless, a number of Newton's photographs have become veritable icons, like the *Big Nudes* and the *Naked and Dressed* series. His images of women in Mugler creations, whether depicting fictitious crime scenes or social satire, combine bold sex appeal and luxurious elegance. The photographer used the compositional strategies introduced by surrealist artists and experimented with the concept of the picture within a picture and the juxtaposition of nude and clothed figures. Newton's photographs of Mugler's *Lingerie Revisited* collection were taken at a construction site in Monte Carlo, whose raw inhospitality starkly contrasts with the glamorous cliché of the luxury resort.

Fashion photography has now outgrown the magazines from which it originated and become a mode of artistic expression in its own right, one that is showcased and collected. With their ambiguity and pictorial wit, many of Newton's photographs have achieved iconic status. Many contributors—including, for the first time in a gallery dedicated to fashion, the Helmut Newton Foundation in Berlin—helped make this exhibition a reality.

98

97
Helmut Newton, *Monaco*, 1998.
Collection *Lingerie Revisited*,
prêt-à-porter AH / FW 1998-1999.

98
Helmut Newton, *Tina in Mugler*,
1997.
Collection *«Soie» toi-même*,
prêt-à-porter PE / SS 1998.

99
Helmut Newton, *Monaco*, 1998.
Collection *Lingerie Revisited*,
prêt-à-porter AH / FW 1998-1999.

THIERRY-MAXIME LORIOT : La collaboration de la Fondation Helmut Newton à l'exposition *Thierry Mugler. Couturissime* est une première. En préparant cette manifestation, il m'est apparu essentiel de consacrer une salle au travail conjoint des deux hommes. La relation très symbiotique et stimulante entre ces deux esprits intransigeants avait d'ailleurs amené Mugler à se lancer dans la photographie. Pourquoi avez-vous estimé important de participer à ce projet ?

MATTHIAS HARDER : Je trouvais nécessaire de mettre en lumière cette collaboration amicale extraordinairement créative. Dans un entretien qu'il accorde en 1999, Newton confie que, pendant des années, il a préféré faire de la photographie purement commerciale plutôt que des images pour des éditoriaux de magazines, car ceux-ci devenaient de plus en plus « politiquement corrects », ce qu'il trouvait terrible. Pendant cette période, les commandes de la part de clients comme Mugler lui offraient donc plus de liberté, lui permettaient d'innover davantage sur le plan visuel. Malgré cela, lorsqu'on regarde les photographies de mode prises par Newton pour des magazines et celles qu'il a réalisées pour des maisons de couture à des fins publicitaires depuis les années 1980, on ne voit pas de différence notable. Mugler et Newton sont deux maîtres dans leurs domaines respectifs.

TML : Selon vous, quelle importance Helmut Newton accordait-il à la mode ? Ses œuvres mettent toujours en scène une élégance raffinée et de subtils éléments de séduction ; elles sont empreintes de références culturelles et d'un étonnant génie pictural. Très vite, avec Guy Bourdin, il a bouleversé les codes de la photographie dans le *Vogue Paris*, à l'époque où Francine Crescent en était la rédactrice en chef...

MH : Dans les années 1980, ce sont des créateurs de mode tel Mugler qui définissaient la norme en haute couture et en prêt-à-porter ; aujourd'hui, c'est une autre génération qui le fait. Helmut Newton a travaillé avec de nombreux couturiers, photographiant leurs œuvres d'une manière qui les célébrait. Ses clichés étaient dans l'air du temps ; parfois, ils paraissaient même en avance sur l'époque. Ils étaient invariablement plus

que des photographies de mode conventionnelles. Dans ses photographies, et grâce à elles, Helmut Newton transcendait les modes narratifs et les conventions de la mode. Il y mettait en scène des histoires criminelles, des satires sociales, d'opulentes décadences. Les personnages féminins attendant seuls, debout, dans un espace public sont apparus dans l'œuvre du photographe dès la fin des années 1960. C'est avec ce genre de composition qu'il a créé une icône – pour ne pas dire un genre en soi – dans le monde de la mode quand, en 1975, il a photographié une mannequin habillée d'un tailleur-pantalon style smoking Yves Saint Laurent dans le Marais, à Paris, la nuit, pour le *Vogue Paris*.

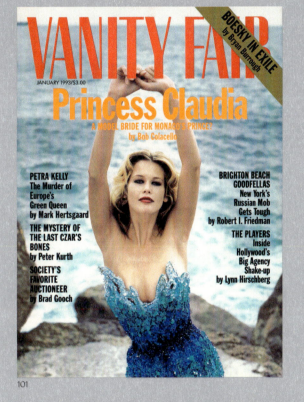

101

TML : Pendant six décennies, Newton a suivi l'évolution constante du rôle de la femme dans la société occidentale et offert son point de vue sur le phénomène. De manière métaphorique, il mettait les mannequins sur un piédestal ; ses mises en scène s'articulaient non plus autour de la galanterie, comme auparavant dans la photographie de mode, mais autour de l'assurance des femmes. Cette prise de position est particulièrement évidente dans les œuvres qu'il a réalisées pour Thierry Mugler.

MH : Newton nous présente une femme active, attirante, pleine de confiance et d'érotisme, qui semble dominer la scène et être seule maîtresse de ses rencontres occasionnelles. De son côté, Thierry Mugler propose une mode insolente et subversive, spectaculaire et contemporaine, et cela pas seulement grâce aux matières inédites qu'il emploie – à cet égard, il a suivi les traces du grand couturier Pierre Cardin, dont les tenues sculpturales et futuristes ont été photographiées par Helmut Newton dans les années 1960. Quand l'avant-garde se fait vieillissante, d'autres jeunes esprits créatifs assurent un renouvellement continuel. Newton, en associant à sa manière singulière de multiples significations dans une seule image de mode, est demeuré pertinent et actuel pendant plus de la moitié d'un siècle. Jusqu'à sa mort, des créateurs et des magazines de premier plan lui ont demandé de photographier leurs vêtements ou accessoires, avec son style alliant séduction et sens artistique. Les carrières aussi longues et prestigieuses sont rares dans le monde effréné de la mode. Newton nous a ouvert les yeux sur notre propre subconscient; il nous a plongés dans une rêverie visuelle, mais toujours dans un cadre très concret. Dans ses œuvres, tout est ambigu, ambivalent, tout est polysémique. La complexité de ses photographies de mode, y compris celles qu'il a prises pour Thierry Mugler, tient à l'impossibilité d'interpréter de manière unique et définitive les associations proposées du point de vue de la forme et du contenu. Plus le contraste entre le vêtement et le contexte est grand, plus le caractère équivoque de l'image est fort. On pourrait même affirmer qu'une robe Mugler magnifie et soutient la femme autant que la femme la fait vivre – autrement dit que le créateur de mode français enveloppe ceux qui portent ses tenues d'une seconde peau.

TML : Parlons d'une série particulièrement newtonesque, photographiée en 1998 pour la collection *Lingerie Revisited* qui, comme son nom l'indique, mettait en vedette des pièces inspirées par la lingerie. Dans les défilés de Mugler, les femmes étaient très glamour; elles frôlaient la perfection. Il semble que Newton ait voulu se distancer autant que possible de cet univers, et pourtant, la série est une réussite. Pourquoi, au lieu de faire les shootings dans des manoirs somptueux, a-t-il choisi des lieux ternes et inhospitaliers de la Côte d'Azur ?

MH : C'était un chantier à Monte-Carlo ! Il adorait ce genre d'endroits, souvent proches des lieux où il vivait. Il réalisait souvent ses clichés dans des sites assez lugubres, comme le parking souterrain de son immeuble. Ce qui l'intéressait, c'était les contrastes; l'image, c'était le personnage. Le cadre et les accessoires n'étaient pas toujours très importants. Les hommes étaient même secondaires. Dans ses images, Newton explorait l'identité de la femme et ses rôles. On retrouve cette démarche plus tard également, dans les clichés qu'il crée pour Mugler. Au premier plan de l'une des photographies de la série, on voit une femme aux cheveux noirs, dont le regard grave n'est pas tourné vers l'objectif mais plutôt vers le lointain – ou vers son propre subconscient. Newton l'a photographiée en légère contre-plongée, la présentant comme une femme fatale. À l'arrière-plan, on découvre un immeuble résidentiel inachevé, un chantier désert, probablement immortalisé un week-end. Newton travaillait exclusivement avec la lumière ambiante, qui changeait au fil de la séance. Quand on compare cette image avec une autre de la même série, on note d'ailleurs les différences dans la lumière et les ombres. Les ouvertures sombres découpées dans l'immeuble à l'arrière-plan, vouées à devenir des fenêtres mais qui évoquent ici des orbites vides, possèdent une inquiétante étrangeté. Cette technique de dramatisation avait déjà été employée pour capter l'attention à l'époque des surréalistes. Comme Newton ne laissait habituellement rien au hasard, cet effet narratif a sûrement été calculé. Le lieu choisi, pourtant conçu dans l'idée d'accueillir des gens, est néanmoins inhospitalier; cela n'est pas sans rappeler la conception beckettienne de la scène. L'immeuble à l'arrière-plan s'apparente à un décor de théâtre, tandis que les modèles, telles des actrices, donnent de la profondeur à la scène.

TML : C'est pendant les années 1990 que la collaboration entre Newton et Mugler a été la plus productive. Cependant, il s'agissait principalement d'œuvres de commande, de photographies purement commerciales utilisées à des fins publicitaires, et donc, par définition, considérées comme moins artistiques, comme simple support visuel de communication ou de mise sur le marché.

MH : Newton est toujours resté indépendant. En 1997, pour une autre campagne, il a réalisé une brève série d'images mettant à l'honneur d'autres créations de Mugler ; ces clichés ont été pris dans un studio à Milan, devant un mur en brique. Sur l'un d'entre eux on voit Newton, éclairé par-derrière, projetant une ombre menaçante à côté de la mannequin. Il a également fait des expériences avec des Polaroid. Dans les années 1990, avant l'ère du numérique, la spontanéité et la vitesse qu'autorisait ce genre de pellicule plaisaient à Newton, qui s'en est d'abord servi pour vérifier l'éclairage et faire des essais. Plus tard, il a incorporé des impressions de Polaroid en petit format à ses œuvres. Ainsi, Newton avait recours à des instantanés de vêtements et de mannequins captés juste avant la séance en tant que telle, plaçant un Polaroid de la tête de la mannequin devant la tête de celle-ci et photographiant de nouveau la scène. La photographie de mode, qui reflète et redéfinit continuellement l'esprit d'une époque, doit raconter des histoires excitantes et surprenantes au moyen d'images. Newton était passé maître dans cet art. Ses photographies fascinantes et déroutantes offraient une image de l'époque (de la mode) qui, étrangement, devint à son tour intemporelle. Il alliait toujours nudité et mode de manière très subtile, et la mise en scène dans son ensemble était tout aussi importante que le vêtement présenté. Ses clichés sont une transposition visuelle bien distincte de la mode, un système de signes non verbaux et de projections agencés dans un espace en deux dimensions.

100
Helmut Newton, *Saint-Tropez*, 1979.
Collection *Spirale futuriste*, prêt-à-porter AH / FW 1979-1980

101
Helmut Newton, *Claudia Schiffer, Vanity Fair*, janvier / January 1993.
Collection *Ritz*, haute couture AH / FW 1992-1993.

102-104
Helmut Newton, *Erica Van Brie* (Milan), 1997.
Collection croisière / Cruise collection, prêt-à-porter PE / SS 1998.

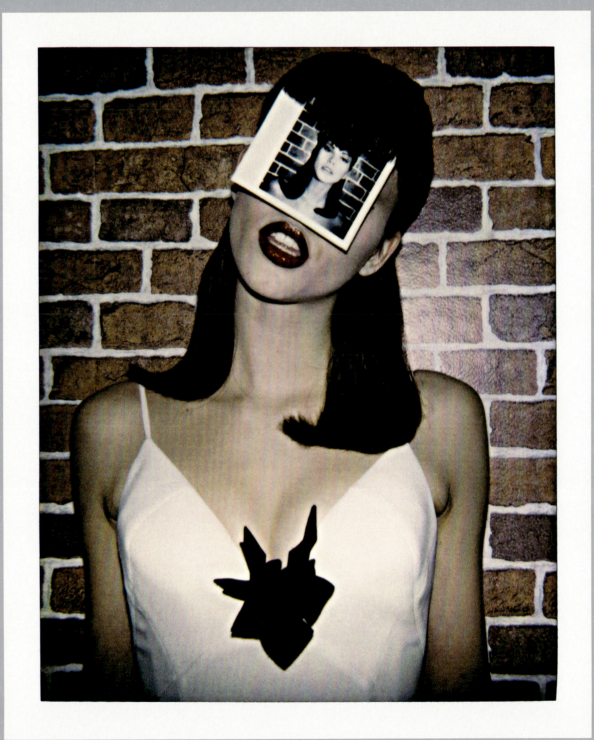

102

THIERRY-MAXIME LORIOT: The collaboration between the Helmut Newton Foundation in Berlin and the *Thierry Mugler. Couturissime* exhibition is a first for you. From the moment I started to do research on Mugler I felt it was mandatory to have a gallery dedicated to the two men's collaboration—a very symbiotic relation between two radical minds, that somehow stimulated their creativity and pushed Mugler to start taking pictures. Why did you feel it was important to take part in the exhibition this time?

MATTHIAS HARDER: I thought it was important to shed some light on this extraordinarily creative and friendly collaboration. In an interview in 1999, Newton said that for a number of years he had preferred doing purely commercial photography to shooting pictures for magazine editorials, as these were becoming more and more politically correct, which he found terrible. Thus, commissioned work for clients like Thierry Mugler allowed him greater freedom and visual innovation during those years. Nonetheless, looking at the fashion photography that Newton has shot for magazines or direct advertising for fashion houses since the 1980s, there is no notable difference. They were two masters of their respective fields.

TML: How important do you think was fashion for Helmut Newton? His photography always features luxurious elegance and subtle seduction, references to cultural history and surprising pictorial wit. He broke the codes of photography early on with Guy Bourdin in *Vogue Paris* during the Francine Crescent years...

MH: In the 1980s it was fashion designers such as Mugler who set the standards in haute couture and prêt-à-porter; today it is a new generation. Helmut Newton worked with many couturiers and photographed, indeed celebrated, their designs. He was on the trail of the zeitgeist with his photography, and sometimes he even seemed to be ahead of it. His pictures were invariably more than conventional fashion photos; with and in them, he transcended traditional narrative modes and fashion conventions. He visually scripted crime stories, social satire and opulent decadence. Individual female figures standing and waiting in a public space had appeared in Newton's work since the late 1960s. With this type of image he created an icon, if not to say an entire genre within the world of fashion, when in 1975 he photographed a model wearing an Yves Saint Laurent tuxedo-style trouser suit at night in the Paris Marais District for *Vogue Paris*.

TML: Over six decades, Newton's photos followed and commented on the constant changes in the role of women in Western society. He metaphorically put his models on a pedestal, no longer built on gallantry, as in earlier fashion photography, but on feminine self-confidence. This is particularly evident in his commissioned works for Thierry Mugler.

MH: Newton shows women as active and attractive, confident and erotic beings who seem to be in command of the scene and of the occasional man. On the other hand, Thierry Mugler's fashion is sassy and subversive, spectacular and contemporary, and not only because of the unusual materials used—in this regard he followed in the footsteps of the great couturier Pierre Cardin, whose almost sculptural and futuristic designs Helmut Newton had photographed in the 1960s. But even the avant-garde gets long in the tooth, though other creative spirits continually renew it. With his unique amalgamation of different levels of meaning within a single fashion image, Newton remained topical and contemporary for more than half a century; leading designers and magazines commissioned him to photograph fashion and accessories in his seductive, artful style right up to his death. Such a long career at that level is rare in the fast-paced fashion business. Newton opened our eyes to our own subconscious, took us with him on a journey through a visual daydream—yet persisted in being very concrete in his depictions. Everything remained ambiguous and ambivalent, and could mean one thing or something completely different. The complexity of his fashion photos, including those he shot for Thierry Mugler, is based on the ambivalence of the possible interpretations on a formal as well as a content-related associative level. The stronger the contrast between dress and context, the greater the visual confusion. One could even claim that a Mugler gown wears and supports the woman as much as the woman actually wears the gown—or that the French designer covers those wearing his designs with a second skin.

TML: Let's talk about a particularly Newton-esque series that was shot in 1998. It was for the *Lingerie Revisited* collection, which as its name implies was a collection showcasing pieces inspired by lingerie. In Mugler's shows, his women were very glamorous and close to perfection. It seemed that Newton wanted to remove himself as much as possible from that universe, but it somehow worked out well. Instead of shooting on mansions, why did he go to unspectacular and inhospitable locations on the French Riviera?

104

MH: It was a construction site in Monte Carlo! He loved those locations, often close to where he lived. He would regularly shoot in quite bleak places, like his apartment building parking garage; it was all about contrasts. The character was the image, the surroundings and props were not always so important. Men would become accessories in his images. Newton's fashion photos investigated female identity and role-playing, which we would encounter again later in his Mugler images. In the foreground of one photo from the series, we see a black-haired woman with a serious look that is not directed at the camera, but rather into the distance—or into her own subconscious. Newton photographed her from a slightly lower vantage point and also presented her as a femme fatale. In the background we see an unfinished residential building, a construction site with no building activity, possibly shot on a weekend. Newton worked exclusively with the existing light, which changed over the course of the shoot, as can be seen when this particular image is compared with another in the series that has a different configuration of light and shadow. The dark openings in the apartment buildings in the background, which will become windows, look uncanny here, like empty eye sockets. This dramatizing trick was also used to capture attention back in the time of the Surrealists. Newton rarely left anything to chance, and this rather narrative effect must have been calculated. The shoot's location, conceived for and made by people, yet inhospitable, is akin to a Beckettian concept of a scene. The buildings in the background become elements of a stage set, while the models function as actresses structuring the scene in its depth.

TML: The 1990s were the most productive period of collaboration between Newton and Mugler. Although the works were mostly commissioned, purely commercial photographs used for advertising purposes were considered not so much as art, but rather as means for visual communication and marketing.

MH: Newton, as always, remained independent. In 1997 he did a brief series of photographs featuring Mugler designs for another campaign, shot at a studio in Milan in front of a brick wall. In one of the shots he took for the series, Newton appears, lit from behind, as a dark, threatening shadow next to a model. He also experimented with Polaroid images. In the predigital 1990s, Newton appreciated the spontaneity and speed of this type of film, primarily using it to check light settings and to do test shots. Later, he incorporated some small-format Polaroid prints into his own work. Newton integrated the instant images of the fashions and models taken immediately beforehand into the actual shoot, placing a Polaroid of a model's head where her head was and photographing the scene again. Fashion photography, which describes and continually redefines the spirit of the times, must tell exciting and surprising stories with images. Newton was definitely a master at this. In his fascinating and baffling staged photos, the time (of the fashion) also becomes an image, which in turn seems strangely timeless. He always combined nudity and fashion very subtly, and the overall staging was just as important as the piece of clothing revealed through the photo. His images are a distinctly visual translation of fashion, a system of nonverbal signs and projected surfaces laid out in two dimensions.

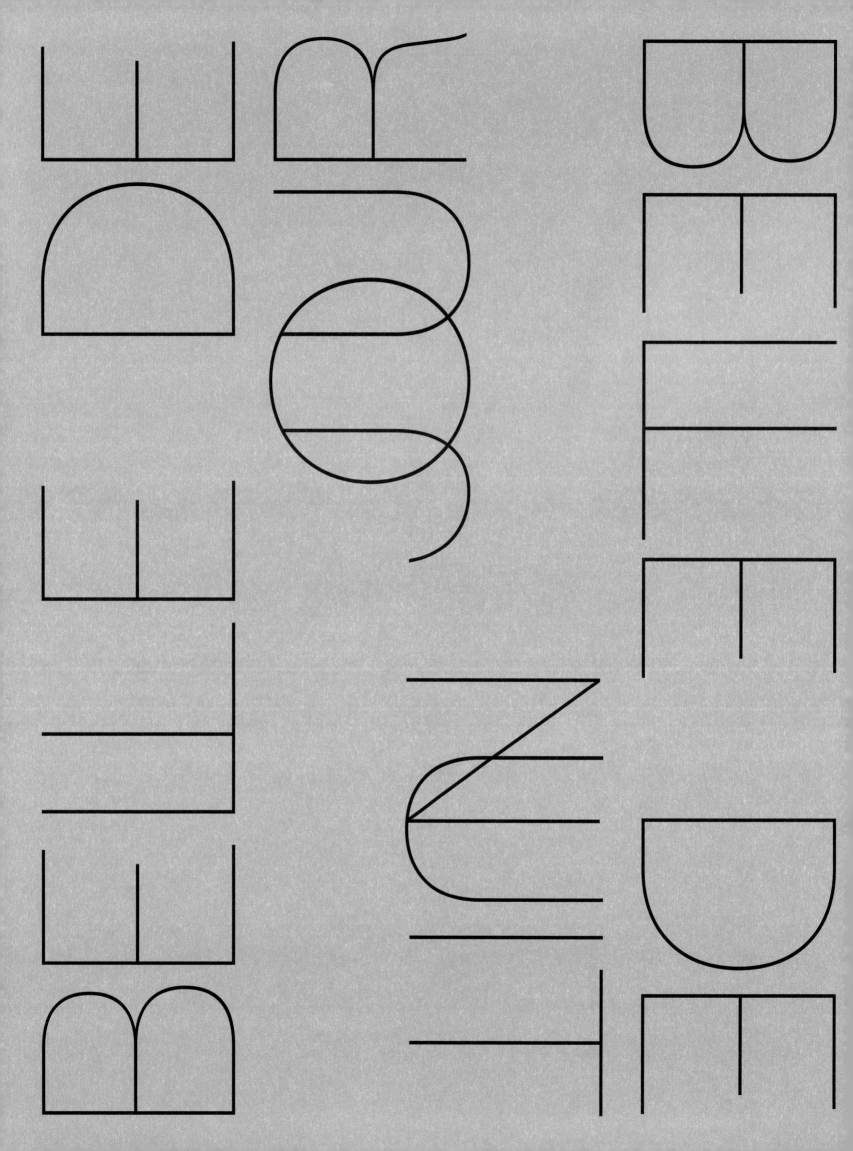

105
Ellen von Unwerth, *Eva Herzigová*, coulisses d'un défilé de Thierry Mugler / backstage of a Thierry Mugler show, 1991.
Collection *Les Cow-Boys*, prêt-à-porter PE / SS 1992.
Fourreau fendu en dentelle de caoutchouc, manches pagode. / Rubber-lace slit sheath with pagoda sleeves.

106
Patrice Stable, *Violeta Sanchez*, 1995.
Collection *Anniversaire des 20 ans*, prêt-à-porter AH / FW 1995-1996.
Fourreau en crêpe, manches-gants en velours. Jupe en satin avec «décolleté fesses». / Crepe sheath dress, velvet long sleeve gloves. Satin skirt with 'bum-décolleté'.

107
Patrice Stable, collection *Jeu de Paume*, haute couture PE / SS 1998.
Robe à piercings avec drapé en crêpe Georgette et déshabillé-cape en mousseline de soie. / Georgette-draped 'piercing' gown, silk chiffon negligée cape.

Mugler passe la fin des *Swinging Sixties* entre une péniche à Amsterdam et l'effervescence de Londres. Dans la capitale britannique, il travaille à la boutique de vêtements branchée Mr. Freedom, avec le musicien et agent Malcolm McLaren et la créatrice Vivienne Westwood qui, à l'époque, vendent des disques *vintage* dans l'arrière-boutique. Par la suite, il est embauché chez Granny Takes a Trip, sur King's Road, une adresse bohème chic célèbre non seulement pour avoir habillé des membres des Rolling Stones, de Pink Floyd, de Led Zeppelin et des Beatles, mais surtout pour avoir créé des vestes en velours ajustées destinées à Lou Reed et à Jimi Hendrix. À cette époque, un jeune écrivain d'origine indienne, Salman Rushdie, vit au-dessus de la fameuse boutique. Mugler se transporte ensuite dans l'atmosphère trépidante du Paris post-Mai 68 et est employé chez Gudule, une boutique très en vogue du VIᵉ arrondissement. En plein cœur du mouvement hippie, avec son *flower power* et ses looks ethniques, Mugler, défiant les tendances du début des années 1970, invente sa «glamazone», une femme guerrière urbaine au style audacieusement moderne; photographiée par Helmut Newton et Guy Bourdin, elle conquiert les pages glacées de *Vogue*. Les silhouettes sculpturales de Mugler naissent souvent d'une combinaison de matériaux inédits et de l'inventivité du créateur; citons par exemple la robe moulée en silicone portée par Nadja Auermann (ill. 125), qui fait voler en éclats les codes établis des ateliers de la haute couture parisienne. La femme «muglérisée» se distingue par ses chapeaux surdimensionnés, ses décolletés profonds qui attirent le regard des hommes vers ses puissantes épaules exceptionnellement larges, ainsi que par ses robes en caoutchouc moulantes faites main, sa taille de guêpe corsetée, ses talons télescopiques (ill. 139) ou «poignards» (ill. 143). L'intégration de talons «virgules», de capes de dominatrices, de masques en dentelle (ill. 127), de gants en latex et de longs manteaux en fausse fourrure, souvent ornés de cristaux et de pierres scintillantes, prouve que les vêtements peuvent être des armes à la disposition de la femme dans son arsenal de mode. Mugler est profondément inspiré par la dimension performative du corps, et son expérience de danseur de ballet oriente la conception de ses vêtements, qui obligent à adopter une certaine posture: «Je ne dis jamais que je suis un créateur de mode. Je me suis toujours perçu comme un metteur en scène et, pour moi, les vêtements que j'ai créés sont une façon de se mettre en scène au quotidien. Des femmes à la taille fine et aux épaules larges, ça existe. Ça ne me paraît pas relever d'une grande exagération. Les épaules ont toujours été un élément crucial. En danse, j'ai appris comment on devait placer son cou, comment on devait se tenir[1].»

La femme active de Mugler établit les nouveaux codes sociaux et le concept de *power dressing* qui se dessinent au début des années 1970. Son pouvoir de séduction devient synonyme de réussite professionnelle, et non plus seulement de réussite sociale. Le look Mugler marque l'histoire avec ses vêtements singulièrement stricts et ses cols hors du commun. Ces silhouettes géométriques avant-gardistes aux lignes fortement accusées, comme découpées au laser ou définies d'un seul trait de crayon, sont rendues célèbres par des figures connues comme la première dame de France, Danielle Mitterrand, ou comme le personnage de Samantha Jones dans la série *Sex and the City*. Le col Mao pour hommes est porté non seulement par des artistes tels que George Michael et David Bowie, mais par des politiciens, comme le ministre de la Culture de l'époque, Jack Lang, qui fait scandale en l'arborant à l'Assemblée nationale en 1985, à une époque où le complet cravate est de mise pour les hommes.

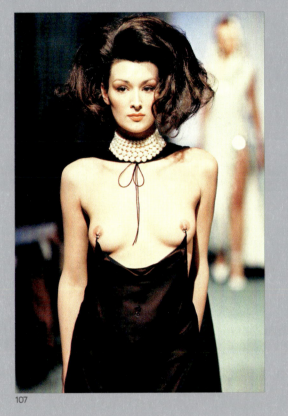

107

Au début des années 1980, le mythe du corps parfait refait surface avec l'arrivée du *total look* et la commercialisation de textiles contenant de l'élasthanne, qui permettent de créer des vêtements moulant le corps. Mugler adopte le latex et le vinyle, des matières associées au fétichisme, aux boîtes de nuit et au milieu *underground* du sadomasochisme, pour en faire des classiques. Au-delà de l'érotisation, la conscience de soi devient une conscience du corps. Mugler explique *a posteriori* sa démarche: «Je devais inventer mes propres matières, parce que le tissu que je voulais employer n'existait pas. Avant tout, je voulais rendre hommage aux femmes et aux hommes qui porteraient mes tenues. On peut faire une analogie avec la chèvre sculptée par Picasso à partir de pièces de vélo: l'énergie et la lumière émanant de la reconstitution d'un être vivant à l'aide de morceaux de métal font frissonner d'émotion[2].»

Dans un entretien accordé en 1994 au *New York Times*, Linda Nochlin, historienne de l'art américaine et célèbre féministe, synthétise le style de Mugler en ces mots: «C'est si extrême que les femmes ne sont pas des objets sexuels: ce sont des sujets sexuels[3].» L'humour de Mugler et son interprétation ironique de la sexualité et de l'érotisme sont parfois mal reçus par l'industrie de la mode. Pour sa collection *Anniversaire des 20 ans*, en 1995-1996, la mannequin Violeta Sanchez porte une robe fourreau noire assortie d'une cape qui dévoile un «décolleté fesses» (ill. 106) orné de rangs de perles et rehaussé par un corset enserrant ses cuisses, ce qui sublime ses charmes. Quelques années plus tard, pour sa collection printemps-été 1998 de haute couture présentée au Jeu de Paume, Mugler crée une robe vaporeuse dont le drapé de crêpe Georgette est retenu par des cordelettes aux anneaux passés dans les mamelons percés de la mannequin (ill. 107). En 2003, pour le spectacle *Zumanity* joué à Las Vegas par le Cirque du Soleil, il imagine un costume de dominatrice donnant l'illusion que la jupe en caoutchouc portée par Joey Arias, dans son rôle de maître de cérémonie transformé en maîtresse de la séduction, laisse apparaître ses fesses, alors que cette partie de son anatomie a été peinte sur le vêtement, en trompe-l'œil (ill. 144). ★

Splitting the end of the Swinging Sixties between a houseboat in Amsterdam and groovy London, Mugler worked in the British capital at the trendy fashion boutique Mr. Freedom with musician and agent Malcolm McLaren and designer Vivienne Westwood, who were selling vintage records in the back store, and on King's Road at the hip bohemian shop Granny Takes a Trip, famous for dressing members of the Rolling Stones, Pink Floyd, Led Zeppelin and the Beatles and most notably for creating fitted velvet jackets for Lou Reed and Jimi Hendrix, while a young Indian writer by the name of Salman Rushdie lived upstairs. Mugler moved to the effervescent post-May 68 atmosphere of Paris and started to work for Gudule, a very trendy shop in the 6th arrondissement. In the midst of the hippie movement with its flower power and ethnic looks, Mugler defied the trends of the early 1970s by inventing his 'Glamazon', an unconventionally modern, stylish, urban warrior woman that would conquer the glossy pages of *Vogue* through the photography of Helmut Newton and Guy Bourdin. Mugler's architectural silhouettes often combined innovative materials and ingenious ideas, like the silicone moulded dress worn by Nadja Auermann (ill. 125), which broke the formal codes of the Paris haute couture ateliers. The 'Muglerized' woman got noticed with her oversized hats, her deep cleavage directing the male gaze to her powerful extra-broad shoulders, as well as her form-fitting handmade rubber gowns, corseted wasp waist, telescopic heels (ill. 139) and dagger stilettos (ill. 143). The use of 'comma' heels, dominatrix capes, lace masks (ill. 127), latex gloves and faux fur long coats, often embellished with crystals and shiny stones, proved that clothing could be used as a weapon in a woman's fashion arsenal. Mugler was deeply influenced by the performative aspect of the body, and his experience as a ballet dancer played a role in how his clothes would also create a posture: 'I never say I'm a fashion designer. I've always felt like a director, and the clothes I did were a direction of the every day. There are women with small waists and big shoulders, so it's not much of an exaggeration to me. The shoulders were always important. In dance, I learned about the position of the neck, and the way you should stand'[1].

Mugler's working girls laid down the new social codes and the concept of power dressing and dressed for success introduced in the early 1970s. From then on, the power of feminine seduction went hand in hand with professional achievement, no longer just social status. The Mugler look made history with its singular

108

austere garments and inventive collars: these cutting-edge geometric figures with radically accentuated shapes drawn in space, as though by a laser or a single pencil line, were made famous by luminaries such as former French First Lady Danielle Mitterrand and the character Samantha Jones from the *Sex and the City* television series. The Mao collar for men was worn not only by performers such as George Michael and David Bowie, but also by politicians like former French Minister of Culture Jack Lang, who caused a scandal at the National Assembly in 1986, back when a formal suit and tie were the expected attire for men.

In the early 1980s, the myth of the perfect body came to the fore with the arrival of the 'total look' and the commercial availability of elastane fabrics that enabled figure-hugging designs. Mugler adopted latex and vinyl, materials of the fetish, club and underground S&M scenes, and turned them into classics. Beyond erotic maximization, self-awareness was asserted with body consciousness. He later explained: 'We had to invent my tools, because the fabric I wanted to use didn't exist. But before anything, I wanted to pay homage to the life of the woman or man who was wearing it. It's like when Picasso sculpts a goat with pieces of a bicycle—the energy and light of a living thing coming from pieces of metal gives you goosebumps'[2]. In a 1994 interview published in *The New York Times*, American art historian and prominent feminist Linda Nochlin summarized Mugler's style with: 'It's so extreme that these women aren't sex objects, they're sex subjects'[3]. Mugler's humour and ironic take on sexuality and eroticism has at times been misunderstood by the fashion industry. In his 20th anniversary collection in 1995–1996, he presented a black sheath gown with a cape, worn by model Violeta Sanchez, which revealed a 'bum-décolleté' (ill. 106) adorned by strings of pearls and had a corset for the upper thighs that heightened and revealed her assets. A few seasons later, for the spring 1998 Jeu de Paume haute couture collection, Mugler created a weightless gown with piercings whose light draped crepe Georgette straps were attached to the model's nipple rings (ill. 107). In 2003, for the Cirque du Soleil Vegas show *Zumanity*, he created a dominatrix costume with a hand-painted trompe-l'œil derrière on the rubber skirt of Joey Arias, who played the Mistress of Seduction, the extravaganza's MC (ill. 144). ★

108-109
Patrice Stable, collection
Les Insectes, haute
couture PE / SS 1997.

110

111

112

113

110
Nicolas Ruel, *Belle de jour IV*, 2019.
Collection *Anniversaire des
20 ans*, AH / FW 1995-1996.
Fourreau bustier en satin orné
de jais et de plumes. / Satin long
strapless sheath adorned with jet
and feathers.

111
Nicolas Ruel, *Belle de jour II*, 2019.
Collection *Ritz*, haute couture
AH / FW 1992-1993.
Smoking en grain de poudre et
satin. Veste à dos transparent et
faux cul orné de cristaux. / Tuxedo
style grain de poudre wool and satin
suit. Jacket with see-through back
and bustle adorned with crystals.

112
Nicolas Ruel, *Belle de jour III*, 2019.
Collection *Ritz*, haute couture
AH / FW 1992-1993.
Fourreau en mousseline, bustier et
franges en Plexiglas. / Chiffon long
sheath Plexiglas bustier and fringe

113
Nicolas Ruel, *Belle de jour V*, 2019.
Collection *Anniversaire des
20 ans*, prêt-à-porter AH / FW
1995-1996.
Manteau-étole doublé de vinyle,
manches «fourrure» en Lurex.
Combinaison en résille floquée de
roses. / Vinyl-lined, stole-look coat
with Lurex 'fur' sleeves. Rose-
flocked net catsuit.

114
Reinier van der Aart, *Belle de jour*
(Kunsthal Rotterdam), 2019.
Collection *Anniversaire
des 20 ans*, AH / FW 1995-1996.
Redingote en velours ornée
de cristaux et de plumes de
marabout, effet «neige». / Fitted
velvet evening coat with snow-
style crystal and marabout feather
embellishments.

115
Nicolas Ruel, *Belle de jour VII*, 2019

140

117

116
Alix Malka, *Irina Shayk,
7 Hollywood*, 2019.
Collection *Music-hall*, prêt-à-
porter AH / FW 1990-1991.

117
Ali Mahdavi, *Susanne von
Aichinger*, 2010.
Collection *Ritz*, haute couture
AH / FW 1992-1993.
Smoking en grain de poudre et
satin. Veste à dos transparent
et faux cul orné de cristaux. /
Tuxedo-style grain de poudre
wool and satin suit. Jacket with
see-through back and bustle
adorned with crystals.

118
David LaChapelle, *'You have
to find what sparks a light in
you so that you in your own
way can illuminate the world.'* –
Oprah, 1998, tirage jet d'encre /
pigment print.
Collection *Jeu de Paume*, haute
couture PE / SS 1998.
Combinaison en résille pailletée,
ornée de cristaux. / Sequin net
catsuit adorned with crystals.

119

119-120
Alix Malka, *Kim Kardashian,
7 Hollywood*, 2019.

121 (p. 150-151)
George Hurrell, *Dieppe, Vogue
Paris*, 1983.
Collection *Velours et Passion*,
prêt-à-porter AH / FW 1983-
1984.

122 (p. 152-153)
Les Cyclopes, *Mademoiselle de
Paris, Flaunt*, 1999.
Collection *Les Tranchés*, haute
couture PE / SS 1999.

123

123
Markus Pritzi, *Iris Strubegger,
Tush*, 2009.
Collection *Longchamps*,
prêt-à-porter PE / SS 1994.

124
Inez & Vinoodh, *Kym, BLVD*, 1994.
Collection *Longchamps*,
prêt-à-porter PE / SS 1994.
Minirobe anatomique en cuir
avec piercings en métal. /
Form-fitting leather minidress
with metal 'piercings'.

125

125
Patrice Stable, *Nadja Auermann*, 1995.
Collection *Anniversaire des 20 ans*, AH / FW 1995-1996.
Fourreau et cape en dentelle à guipure siliconée. / Silicone guipure lace sheath.

126
Thierry Mugler, *Dauphine de Jerphanion, galerie des Glaces du château de Versailles* (France), 1986.

127
Emil Larsson, *Couture Lace Mask*, 2019.
Collection *Les Tranchés*, haute couture PE / SS 1999.

128
Alix Malka, *Christina Aguilera, Vanity Fair*, 2010.
Collection *Ritz*, haute couture AH / FW 1992-1993.
Body corseté orné de jais. / Corseted catsuit embroided with jet.

129

130

129-130
Kat Irlin, *Josephine Skriver*
(New York), 2019.
Collection *«Soie» toi-même*,
prêt-à-porter PE / SS 1998.

131
Thierry Mugler, *Claude
Heidemeyer, Chrysler Building*
(New York), 1988.

132
Emil Larsson, collier
*Étoile éclatée / Étoile
éclatée* necklace, 2022.
Collection *Ritz*,
AH / FW 1992-1993.

133
Patrice Stable, collection
Anniversaire des 20 ans,
prêt-à-porter AH / FW 1995-1996.
Veste-redingote à manches-
gants, microjupe drapée
en grain de poudre, collant
en vinyle. / Riding-coat jacket
with gloved sleeves, draped
microskirt in grain de poudre
wool and vinyl tights.

134
Patrice Stable, *Rossy de Palma*,
1995.
Collection *Anniversaire des
20 ans*, prêt-à-porter AH / FW
1995-1996.

134

135

136

135-137
Ellen von Unwerth, *Karen Mulder & Niki Taylor / Eva Herzigová*, coulisses d'un défilé de Thierry Mugler / backstage of a Thierry Mugler show. Collection *Les Cow-Boys*, prêt-à-porter PE / SS 1992.

138
Thierry Mugler, *Olga Pantushenkova* (Paris), 1996. Collection *Anniversaire des 20 ans*, prêt-à-porter AH / FW 1995-1996.

139
Louie Banks, *Charlotte Rampling*, 2022. Collection *Lingerie Revisited*, prêt-à-porter AH / FW 1998-1999.

140-141
Thierry Le Gouès, *Cameron Alborzian, Magazine sans nom*, 1992. Collection *Superstar Diana Ross*, prêt-à-porter PE / SS 1991.

138

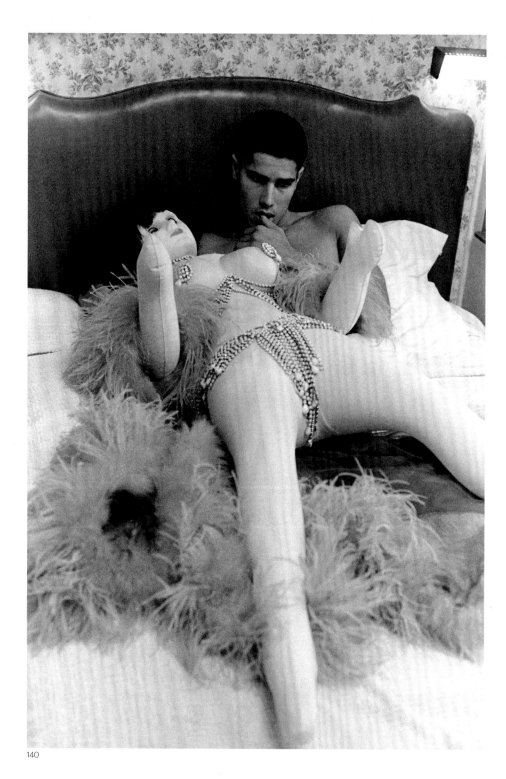

140

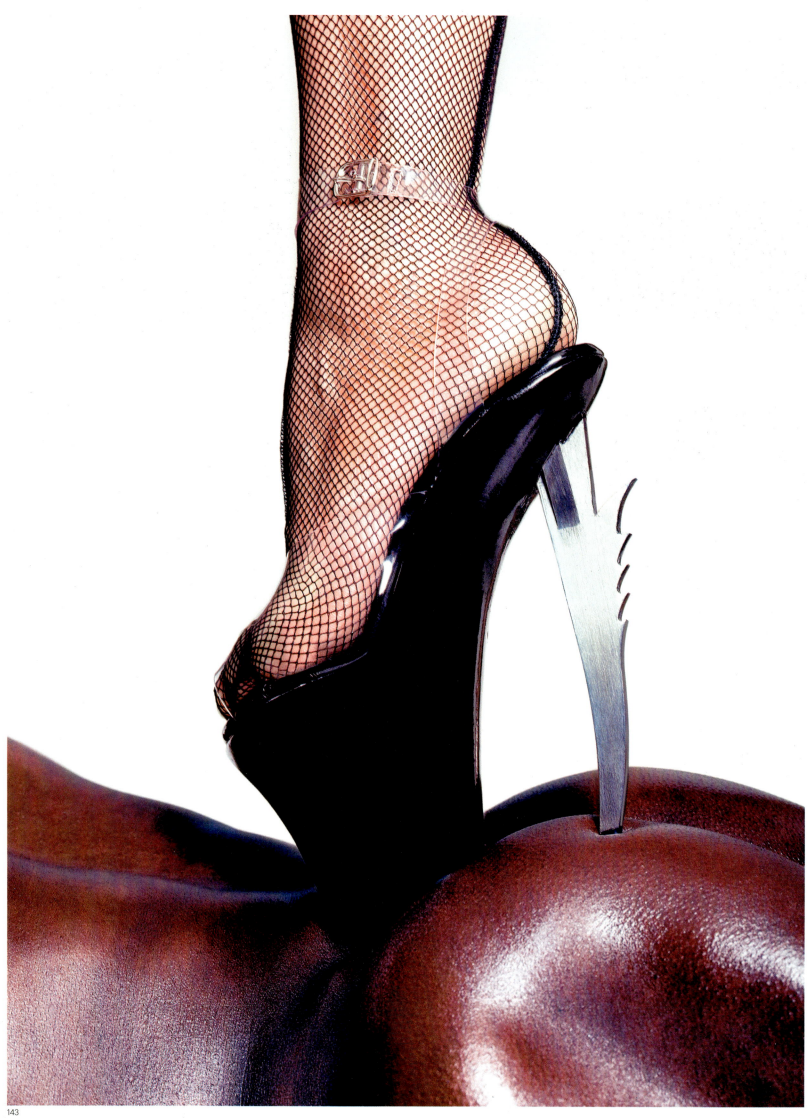

142
Ellen von Unwerth, *Patricia Arquette, Vogue USA*, 1995.
Collection *Anniversaire des 20 ans*, prêt-à-porter AH / FW 1995-1996.

143-144
Albert Sanchez, *Joey Arias, Zumanity show, Paper*, 2003.

145
Ellen von Unwerth, *Estella Warren*, 1995.
Collection *Anniversaire des 20 ans*, prêt-à-porter AH / FW 1995-1996.

146
Jean-Baptiste Mondino, *Nadja Auermann, Who is Shocking Who?*, 1995.
Collection *Anniversaire des 20 ans*, prêt-à-porter AH / FW 1995-1996.

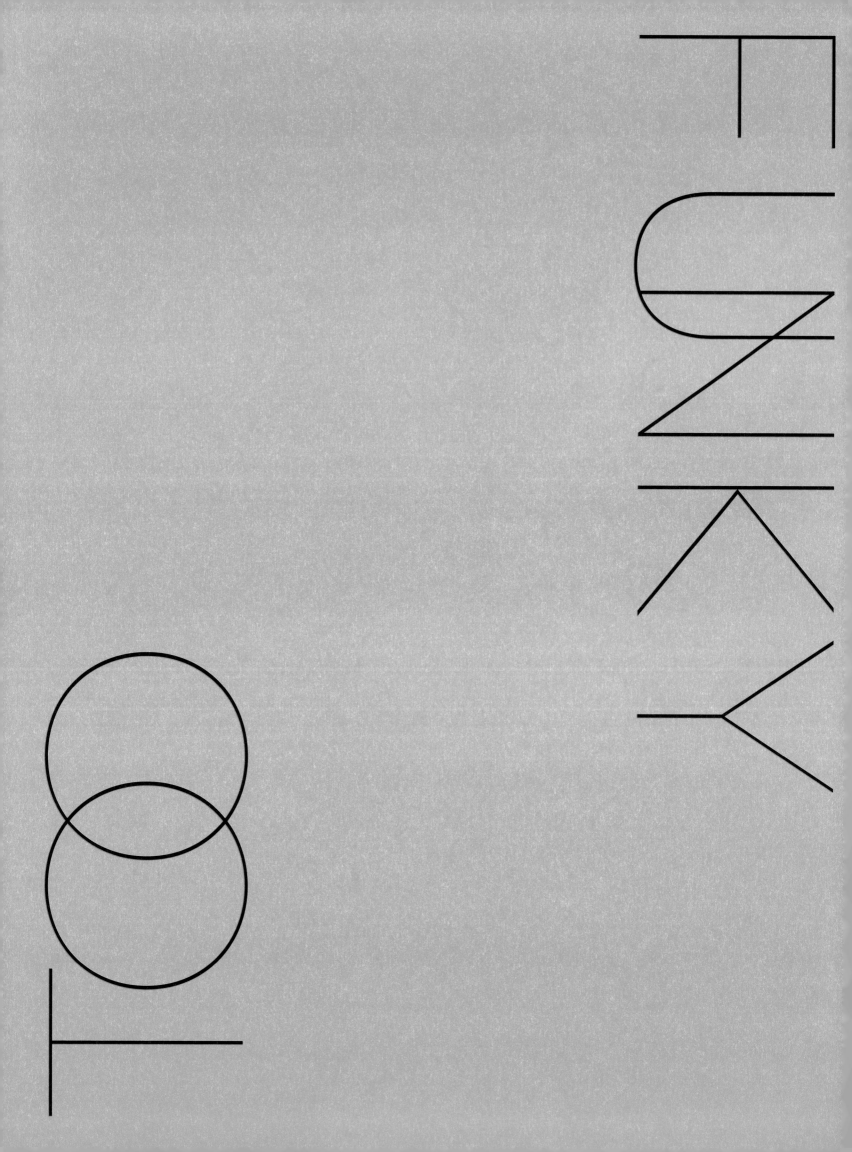

FUNKY

TOO

QUINTESSENCE DE L'ESTHÉTIQUE POP 90

'expérience de la scène que Mugler a vécue jeune, comme danseur de ballet, a été très marquante : elle a nourri son art en tant que créateur de mode et a influencé la façon dont il met en scène les spectacles, dirige les mannequins, les clips et les courts métrages. «Cela m'a appris l'importance de la technique. La beauté, l'art inventif, l'art créatif, qu'il s'agisse de mode, de ballet, de photographie ou de mise en scène, ne peuvent exister sans un certain processus. Pour le gamin indomptable que je suis, il a été très difficile d'apprendre tout ça, mais cela m'a permis de comprendre la différence entre la douleur constructive et la douleur nuisible[1]», explique-t-il. En 1987, Mugler fait ses premiers pas en tant que réalisateur avec le court métrage L'Antimentale. En 1990, il dirige une publicité télé pour les cigarettes Gauloises, puis quatre courts métrages pour Canal + avec quatre interprètes : Isabelle Huppert (La Voix humaine), Juliette Binoche (Le Procès de Jeanne d'Arc), Viktor Lazlo (C'est ma faute) et sa muse Dauphine de Jerphanion (Marie-Antoinette au temple). Thierry Mugler est ensuite embauché par George Michael pour la réalisation du clip de sa chanson «Too Funky». Cette vidéo, devenue un classique, est lancée par la pop star britannique en juin 1992, à l'apogée de sa carrière. À cette époque, George Michael refuse d'apparaître dans les clips de ses chansons en raison des poursuites qu'il engage contre sa maison de disques. «Too Funky» figure sur la compilation Red Hot + Dance, un album produit à des fins caritatives pour recueillir des fonds destinés à la lutte contre le sida, une cause soutenue tant par le chanteur que par le créateur de mode.

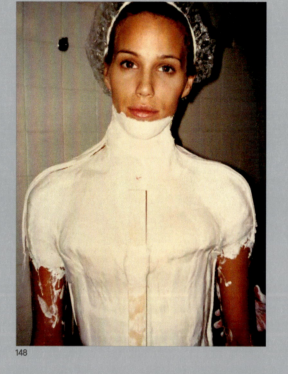

148

de soleil rondes caractéristiques d'Edith Head, en hommage à cette créatrice de costumes américaine dont la contribution au cinéma hollywoodien a été récompensée par huit Oscars.

Trois tenues mises en vedette dans le clip deviennent des pièces emblématiques de Thierry Mugler : le corset et les jambières rouges avec leurs gants assortis, ornés de cristaux et de pierres précieuses, créés en association avec le corsetier sud-africain Mr Pearl; le bustier «moto» en Plexiglas peint, accompagné de son short et de ses bottes à franges, pièce élaborée avec Jean-Jacques Urcun et peinte par Stefano Canulli; enfin, et surtout, le bikini chromé réalisé avec la participation de Jean-Pierre Delcros (ill. 149). Il a fallu plusieurs mois de travail pour fabriquer le soutien-gorge et la culotte chromés de ce bikini, en plus des manches articulées et du casque qui complètent la tenue. La mannequin suédoise Emma Sjöberg relate : «Je n'oublierai jamais le robot... parce qu'il a été fabriqué à partir d'un moule en plâtre de mon corps. En fait, j'ai encore une photo où l'on me voit au cours du processus : on m'a enchâssée dans un corset, puis recouverte de plâtre jusqu'au menton. Le bikini est littéralement une version en chrome de ce moule, se fermant par de petits crochets. Après avoir mis cette tenue, je sais ce qu'on peut ressentir quand on porte une ceinture de chasteté. J'avais toujours des meurtrissures après avoir porté ce bikini, puisqu'il était plutôt serré – il fallait bien qu'il tienne! Le casque a aussi été littéralement fabriqué à partir de mon crâne. Avant que je défile, il fallait polir le casque pour en effacer toute empreinte de doigt[2]» (ill. 148).

Quintessence de l'esthétique pop, le clip «Too Funky» réunit une distribution extraordinaire (ill. 151). Les protagonistes dévoilent de spectaculaires tenues issues des collections Superstar Diana Ross (printemps-été 1991) et Les Cow-Boys (printemps-été 1992) du couturier, qui travaille à titre gracieux pour soutenir la cause. On y voit toute une armée de supermodels célèbres : la Suédoise Emma Sjöberg dans le légendaire bustier «moto» (ill. 147), mais également Eva Herzigová (ill. 105), Linda Evangelista, Beverly Peele, Emma Balfour, Estelle Lefébure, Shana Zadrick, Tyra Banks et Nadja Auermann se douchant dans une incomparable robe fourreau fendue en dentelle de caoutchouc noir avec manches pagode. On y reconnaît aussi Connie Girl (Fleming); Larissa et Lypsinka; Julie Newmar, qui incarnait la première Catwoman dans la série télévisée Batman; l'actrice espagnole Rossy de Palma; l'acteur béninois Djimon Hounsou; sans oublier l'artiste de performance Joey Arias, qui porte la coiffure et les lunettes

Un conflit sur le plateau a donné lieu à deux versions du clip «Too Funky» : l'une de George Michael, l'autre de Mugler. Le couturier, au lieu de filmer un défilé de mode, choisit un point de vue à la fois militant et moqueur pour révéler le contraste entre le glamour édénique présenté sur le podium et le chaos infernal qui règne en coulisses. Il tourne des scènes dans lesquelles il joue avec humour de la nudité et de l'homosexualité. Ces séquences sont retirées de la version montée par George Michael, présentée à la télévision à l'époque. Dans le plan final, le mannequin John Francis apparaît debout, montrant à la caméra son dos arborant un faux tatouage, qui lance un cri à toute la génération MTV, en plein cœur de l'épidémie du sida : «We Must Protect Ourselves» («Nous devons nous protéger»); sur son torse, le message se poursuit ainsi : «Even from the Ones We Love» («Même de ceux que nous aimons»). ★

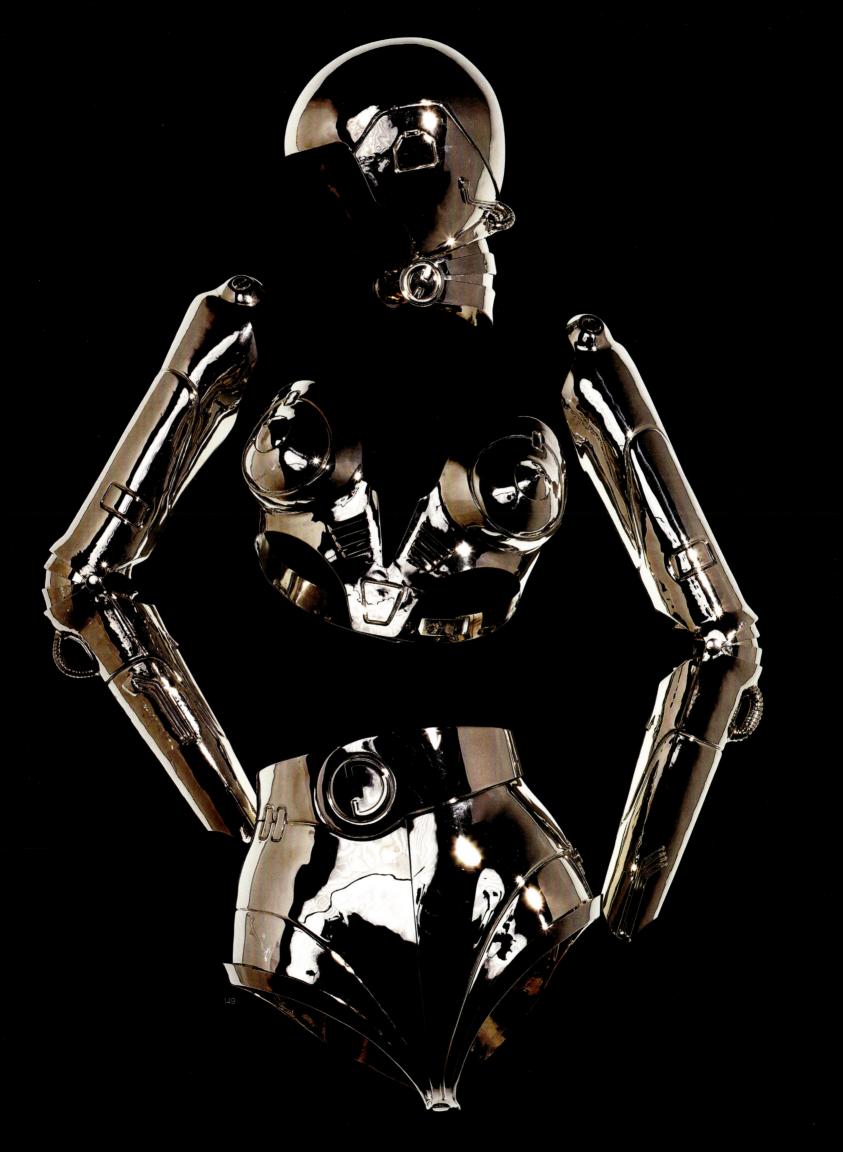

149

147 et 150
Patrice Stable, *Emma Sjöberg,*
« *Too Funky* » *(Paris), juin /
June 1992.*
Collection *Les Cow-Boys,*
prêt-à-porter PE / SS 1992.
Bustier « moto » en Plexiglas
peint par Stefano Canulli,
collaboration avec
Jean-Jacques Urcun. / Plexiglas
'motorcycle' bustier painted by
Stefano Canulli, collaboration
with Jean-Jacques Urcun.

148
Emma Sjöberg lors du moulage
pour le soutien-gorge, short
et bras articulé en métal,
collaboration avec Jean-Pierre
Delcros. / Emma Sjöberg
during moulding of metal bra,
shorts and articulated
arm piece, collaboration with
Jean-Pierre Delcros.
Collection *Superstar Diana
Ross,* prêt-à-porter PE / SS 1991.

149
Emil Larsson, *Chrome Bikini,* 2019.
Collection *Superstar Diana
Ross,* prêt-à-porter PE / SS 1991.
Soutien-gorge, short et bras
articulé en métal, collaboration
avec Jean-Pierre Delcros. /
Metal bra, shorts, and articulated
arm piece, collaboration with
Jean-Pierre Delcros.

151
Patrice Stable, Lypsinka,
Julie Newmar, Larissa, Joey
Arias, Shana Zadrick, Nadja
Auermann, Estelle Lefébure,
Linda Evangelista, Tyra Banks &
Beverly Peele, Rossy de Palma
sur le plateau de tournage de
« *Too Funky* » / on the set of the
'Too Funky' video shoot (Paris),
juin / June 1992.

For Mugler, being on a stage as a ballet dancer in his youth had a great impact. The experience informed him on his art, not only his fashion designs, but also the way he directs shows, models, videos, and short films. He revealed that: 'It taught me the importance of technique. There is no beauty; no inventive, innovative art whether it be fashion, ballet, photography, direction—you have to go through a certain process. For me—a complete wild kid—it was very difficult to learn all that. It taught me the difference between positive pain and negative pain'[1]. Following his 1987 directorial debut with the short film *L'Antimentale*, television advertisement for Gauloises cigarettes, and four short films commissioned by Canal+ with Isabelle Huppert (*The Human Voice*), Juliette Binoche (*The Trial of Joan of Arc*), Viktor Lazlo (*Put the Blame on Me*) and muse Dauphine de Jerphanion (*Marie-Antoinette at the Temple*) in 1990, Thierry Mugler was hired by George Michael to direct the music video for his song 'Too Funky'. The now classic video was released in June 1992 when the British pop star was at his peak. At the time, due to a lawsuit he had filed against his record label, George Michael refused to appear in his own music videos. His song appeared on the charity compilation *Red Hot + Dance*, an album produced to raise funds for the fight against AIDS, a cause supported by both the singer and the designer.

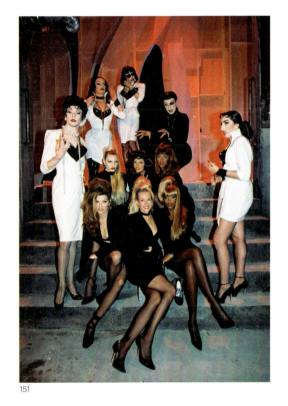

151

The quintessence of the pop aesthetic, 'Too Funky' assembled an extraordinary cast (ill. 151) that all donated their time to the cause, dressed in spectacular Mugler pieces from his spring-summer 1991 collection *Superstar Diana Ross* and spring-summer 1992 collection *Les Cow-Boys*. The music video showcased an army of celebrated supermodels led by Swedish Emma Sjöberg in her iconic motorcycle bustier (ill. 147), but also included Eva Herzigová (ill. 105), Linda Evangelista, Beverly Peele, Emma Balfour, Estelle Lefébure, Shana Zadrick, Tyra Banks and, importantly, Nadja Auermann showering in a one-of-a-kind black rubber slit lace sheath dress with pagoda sleeves; personalities Connie Girl (Fleming); Larissa and Lypsinka; Julie Newmar, the original Catwoman in the *Batman* television series; Spanish actress Rossy de Palma; Beninese actor Djimon Hounsou; and performance artist Joey Arias, who paid tribute to American Hollywood costume designer Edith Head, winner of eight Academy Awards, by sporting her distinctive haircut and trademark round sunglasses.

Three pieces from the video became iconic Mugler works: the red corset and chaps with matching gloves adorned with crystals and gemstones created in association with South African corset maker Mr Pearl; the hand-painted Plexiglas motorcycle bustier with matching fringed shorts and boots made in collaboration with Jean-Jacques Urcun and hand-painted by Stefano Canulli, and last but not least the chrome bikini that was a joint effort with Jean-Pierre Delcros (ill. 149). It took several months of work in the atelier to produce the chrome-plated bikini bra and shorts, articulated arm pieces and helmet. Swedish model Emma Sjöberg recounts: 'The robot I will never forget because... It was made on my body and they had to make a plaster. I still have a picture of it, actually, when I'm fully emplastered with a corset under it, and then it was literally made in this chrome with little hooks to close it. I know the feeling of a chastity belt after wearing that... I was always quite bruised after wearing it, because it had to stay up somehow and so it was kind of tight, and then there was the helmet that was literally made on the skull. Before going out on the runway, of course, you couldn't have any fingerprints on it, it had to be polished'[2] (ill. 148).

Due to a conflict on the set, there are two versions of the video, one by Michael and the other by Mugler. With a point of view at once militant and scornful, rather than simply film a fashion show, Mugler revealed the contrast between the glamorous paradise presented on the catwalk and the chaotic hell found backstage. Mugler had filmed scenes in which his devastating humour played with nudity and same-sex couples, but they were cut from the Michael edit, which was the version shown on television at the time. In the final shot stands model John Francis, proclaiming and urging a whole MTV generation in the midst of the AIDS epidemic with a fake tattoo on his back bearing the message 'We Must Protect Ourselves' followed on his torso by 'Even from the Ones We Love'. ★

152

153

154

155

152-155
Patrice Stable, *Estelle Lefébure,
Linda Evangelista & Joey Arias,
Eva Herzigová, Nadja Auermann*,
scènes du tournage de « Too
Funky », / behind the scenes
of the 'Too Funky' video shoot
(Paris), juin / June 1992.

156
Patrice Stable, *Linda
Evangelista*, scènes du
tournage de « Too Funky », /
behind the scenes of the
'Too Funky' video shoot (Paris),
juin / June 1992.

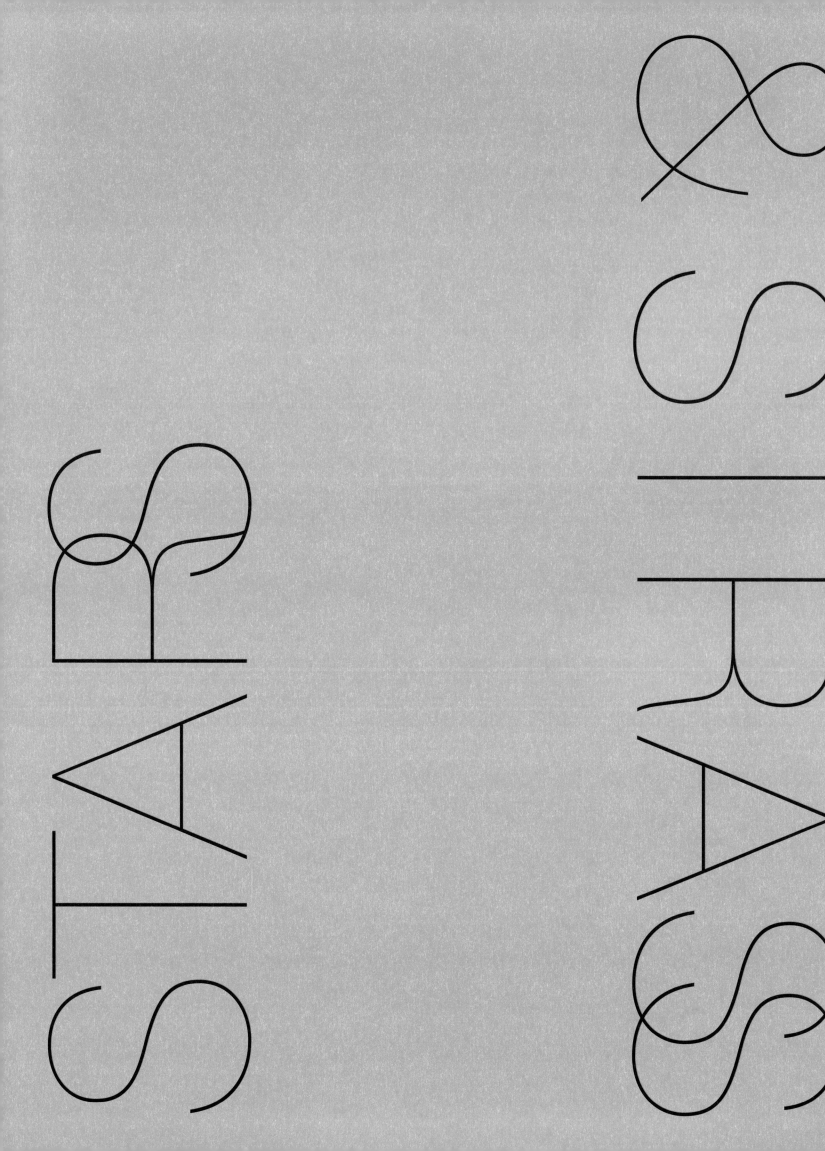

157
Steven Klein, *Grace Jones*
(Paris), *Vogue Italy*, 1990.
Collection *Music-hall*,
prêt-à-porter AH / FW 1990-1991.

158
Patrice Stable, *Diane Brill,
Eva Herzigová, James Brown &
Jerry Hall* (Paris), 1995.
Collection *Anniversaire des
20 ans*, AH / FW 1995-1996.

159
Patrice Stable, *Tippi Hedren*
(Paris), 1995.
Collection *Anniversaire des
20 ans*, AH / FW 1995-1996.

LA MODE
MISE EN SCÈNE

Loin des présentations traditionnelles de haute couture dans des salons privés, Thierry Mugler révolutionne la mode en transformant ses défilés en spectacles grandioses : « J'ai toujours pensé que la mode ne se suffisait pas à elle-même et qu'il fallait la présenter dans un cadre musical et théâtral[1] », explique-t-il. Il métamorphose donc ses podiums en scènes dignes de productions hollywoodiennes, enchaînant des mises en scène et des tableaux tenant de la comédie musicale, de la bande dessinée, du cinéma, du cabaret et du sex-club, avec l'extravagance de Las Vegas en prime. Ses mannequins incarnent des personnages de fiction et des superhéroïnes affranchies et pleines d'humour. « L'exploration, voilà l'essentiel, estime le couturier. Pour moi, le processus a été très naturel. Je crois qu'il est important pour les gens de devenir une version achevée d'eux-mêmes. J'ai toujours été fasciné par le corps humain, et je voulais rendre hommage à ce qu'il peut accomplir. Enfant, je faisais déjà ce que je fais aujourd'hui : du théâtre, de la danse, de l'acrobatie – et je suis devenu danseur professionnel. Cela m'a aidé à canaliser tout le désir qui m'habitait pour le transformer en une technique. Le mécanisme est le même dans le cas d'un acteur ou d'un culturiste. J'étais danseur classique et acrobate. J'ai fait un apprentissage de quatre ans à l'école privée, puis je suis allé en Inde étudier le kathakali, un art qui réunit le mime, la danse et le chant[2]. »

En tant qu'ancien danseur de ballet professionnel, Mugler estime que les défilés de mode peuvent être poussés jusqu'à une forme extrême, qu'il nomme « l'art du podium », dans laquelle le costume est la base même, l'essence de la construction et de la sublimation de l'individualité ; il est une invitation à mettre en scène et à embellir le quotidien pour le rendre magnifique, fabuleux, enivrant ! La mode permet au couturier d'imposer sa vision par les thèmes de ses défilés, leur distribution, leur éclairage et, par-dessus tout, leur bande-son. Pour accompagner ses longues présentations sur le podium, Mugler concocte des trames sonores éclectiques : mélopées africaines, chansons égyptiennes, cloches d'église, sonorités industrielles et pièces minimalistes du compositeur américain Terry Riley ou du groupe électro allemand Kraftwerk, le tout mixé avec des bruits de forêt, d'animaux, d'insectes et d'eau, des rires et des sons métalliques, mais aussi avec des compositions de Beethoven, de Verdi ou de Wagner. Avec l'arrivée de la chaîne télévisée MTV, de nombreuses pop stars sont prêtes à tuer pour des vêtements Mugler ! Ses pièces font partie intégrante de scènes devenues mythiques dans la culture populaire. Qui pourrait oublier la robe noire à licou fendue de Demi Moore, issue de la collection *Les Cow-Boys* de 1992, qui subjugue Robert Redford au point qu'il offre un million de dollars à la jeune femme pour passer une nuit avec elle dans le film *Proposition indécente* ? Ou encore les robes à coupe sirène galactique, ainsi que les combinaisons à paillettes rose pâle hérissées de nageoires que l'on voit dans le clip de la pièce « Boys Keep Swinging » de David Bowie, en 1979, ou sur des photographies de l'actrice et chanteuse Jane Birkin, qui proviennent de l'une des premières collections du couturier, *Spirale futuriste* (ill. 50) ? Ou enfin la robe cocktail à paillettes argent portée

159

par Madonna sur la couverture du magazine *Life*, en décembre 1986, photographiée par Bruce Weber (p. 201) ? Le short clouté et le corset argent terriblement sexy qu'arbore Muriel Moreno, du groupe Niagara, dans les clips mémorables des morceaux « J'ai vu » et « Pendant que les champs brûlent » ? La combinaison en vinyle dans le clip de « Rhythm is a Dancer », du groupe Snap ! ? La fameuse robe fourreau plissée « coquillage » immortalisée par la mannequin suédoise Christine Bergström dans le clip réalisé par Jean-Baptiste Mondino pour le single « Slave to Love » de Bryan Ferry ? L'imposante coiffure à plumes blanches et le body à cristaux dont sont vêtues Linda Evangelista, dans le clip réalisé par Mugler pour la chanson « Too Funky » de George Michael, ainsi que par Lady Miss Kier, de Deee-Lite, dans celui de « Power of Love » ? On se souvient aussi de Lady Miss Kier chantant « How Do You Say Mugler ? » dans un remix du succès « What is Love ? » commandé pour la collection printemps-été 1991 du couturier, et apparaissant habillée en Mugler dans le clip de « Good Beat ». Rappelons enfin les vestes à col Mao déclinées en une série de couleurs acidulées que portent, sur scène ou dans leurs clips, les vedettes britanniques Elton John, George Michael et Neil Tennant (des Pet Shop Boys) à la fin des années 1980, ainsi que les tenues Mugler revêtues par David Bowie tout au long de son projet musical « Tin Machine » et lors de son mariage avec la *supermodel* Iman.

En 1984, Mugler est le premier créateur de mode à présenter un défilé-spectacle au public à Paris. Plus de 6 000 personnes (dont 4 000 ont déboursé 175 francs pour l'événement) assistent à un inoubliable opéra de la mode dans la toute nouvelle salle du Zénith. Le cortège de 350 tenues nécessite 800 projecteurs, ainsi que la participation de 60 mannequins, 18 techniciens du son, 20 coiffeurs et de nombreux maquilleurs, venus pour la plupart du Japon pour l'occasion. Mugler comprend qu'avec les célébrités vient la célébrité. Leurs apparitions figurent parmi les moments les plus mémorables de ses défilés, dont il signe toujours la mise en scène. Il lance la tendance des *guest-stars* sur ses podiums, en invitant sur scène des chanteuses et des actrices hollywoodiennes telles que Cyd Charisse, Tippi Hedren (ill. 159) et Sharon Stone, mais aussi des vedettes de films pour adultes, comme Traci Lords et Jeff Stryker. Avec la génération des *supermodels*, cette extravagance caractérise les années 1980. Des stars de la scène comme David Bowie, Diana Ross, James Brown, Mylène Farmer, Céline Dion et Diane Dufresne portent les créations du couturier saison après saison. Récemment, une nouvelle génération de pop stars, de Lady Gaga à Rihanna en passant par Rita Ora et Cardi B, sans oublier Beyoncé et sa sœur Solange Knowles, relancent les œuvres de Mugler. La vedette de téléréalité et entrepreneuse Kim Kardashian a elle aussi porté de nombreuses pièces d'archives très convoitées. La direction artistique de photographies, de comédies musicales, d'émissions télévisées, de publicités ou de clips est un prolongement de la vision de Mugler : « Le but est surtout de faire réagir les gens, de leur offrir de grands moments et de susciter de grands sentiments... les toucher, les aimer[3] », confie-t-il. ★

At far remove from the conventional haute couture shows held in private salons, Thierry Mugler revolutionized fashion with his spectacular runway productions and supermodels: 'I always felt fashion wasn't sufficient in itself, and that it had to be shown in a musical and theatrical setting'[1]. His catwalk became a stage for Hollywood-style productions, with sets and 'tableaux' that combined Vegas extravaganza, musical comedies, comics, movies, cabarets and sex clubs, while his models embodied fictional characters and amusing, liberated superheroines. He explained: 'For me, it's all about exploring. It's been a very natural process. I think it's important for people to be a complete realization of themselves. I have always been fascinated by the human body, and I wanted to pay homage to what it can do. As a kid, I was really doing what I do now —I was making theater, dancing, and doing acrobatics—and I became a professional dancer. That helped me to put all this desire I had into a technique. It's the same for an actor or a bodybuilder. I was a classical dancer and acrobat, and I learned for four years in charter school, and then I went to India to learn Kathakali, which is miming, dancing, and singing together'[2].

A former professional ballet dancer, Mugler considered that fashion shows could be pushed to an extreme degree, which he refers to as 'the art of the catwalk', with the costume as the basis and essential component of an individual's construction and enhancement, an invitation to stage anyone's daily life and to make it more beautiful, fabulous and exciting. Fashion has enabled him to impose his vision through a show's themes, casting, lighting, and above all soundtrack. For the music of his lengthy runway presentations, Mugler devised an eclectic mix comprising African chants, Egyptian songs, church bells, industrial sounds and minimalist pieces by American composer Terry Riley and German electronic band Kraftwerk, all combined with the sounds of the forest, animals and insects, water, metal and laughter, as well as Beethoven, Verdi or Wagner. With the advent of MTV, many pop stars would kill for Mugler's clothes. They are an integral part of enduring pop culture moments: who can forget Demi Moore's black halter cut-out dress from the 1992 *Les Cow-Boys* collection that captivates Robert Redford to the point where he offers a million dollars for a night with her in the movie *Indecent Proposal*; the galactic mermaid dresses and pale pink sequin jumpsuits and gowns adorned with fins from his early *Futuristic Spiral* collection that could be seen in David Bowie's 1979 music video for the song *Boys Keep Swinging* and photographs of the actress and singer Jane Birkin (ill. 50); Madonna's silver sequin cocktail dress on the cover of the

160

December 1986 issue of *Life* magazine, shot by Bruce Weber (p. 201); the leather studded hot shorts and silver corset worn by Niagara's Muriel Moreno in the iconic videos for the songs *J'ai vu* and *Pendant que les champs brûlent*; the vinyl catsuit in Snap's! *Rhythm is a Dancer* music video; the iconic pleated shell dress immortalized by Swedish model Christine Bergström in Jean-Baptiste Mondino's video for Bryan Ferry's single *Slave to Love*; or the white feathered headpiece and crystalized skinsuit shared by Linda Evangelista in the Mugler directed video for George Michael's song *Too Funky* and by Lady Miss Kier of Deee-Lite in *Power of Love*. Lady Miss Kier is also remembered for singing *How Do You Say Mugler?* in a commissioned soundtrack mix of their hit *What is Love?* for the couturier's spring-summer 1991 collection and for appearing dressed in Mugler in the video for their hit *Good Beat*. All this is without mentioning the many shades of acid colours and Mao collar jackets worn in performances and videos of the late 1980s by British stars Elton John, George Michael and the Pet Shop Boys' Neil Tennant, along with the outfits worn by David Bowie throughout his musical project *Tin Machine* and on his wedding to supermodel Iman.

In 1984, Mugler became the first designer to present a fashion show to the public in Paris. Over 6,000 people—4,000 of whom paid 175 francs—attended an unforgettable fashion opera in the new hall of the Zénith arena in Paris that required 800 projectors and brought together 60 models, 18 sound technicians, 20 hairdressers and as many makeup artists, most of whom had been flown in from Japan, to present 350 designs. Mugler understood that with celebrities comes celebrity. Appearances by superstars were among the most memorable moments of his fashion shows, which he always directed. The trend of having guest stars was launched on his runways as he invited singers and Hollywood actresses such as Cyd Charisse, Tippi Hedren (ill. 159), Sharon Stone, and even adult movie stars like Traci Lords and Jeff Stryker, to strut down the catwalk for him. Along with a generation of supermodels, such extravaganzas characterized the 1980s. Star performers like Bowie, Diana Ross, James Brown, Mylène Farmer, Céline Dion and Diane Dufresne wore his creations season after season. More recently, Mugler's works have been revived by a new generation of pop stars, from Lady Gaga to Rihanna, Rita Ora to Cardi B. as well as Beyoncé and her sister Solange Knowles. Reality television star and entrepreneur Kim Kardashian has also worn many sought-after archive pieces. The artistic direction of Mugler's photography, musicals, television programs, advertisements and videos extended his vision: 'It's all about making people react and giving them great moments and great sentiments... [to] move them, love them'[3]. ★

160 (page précédente)
Diana Ross & Thierry Mugler
à la boutique Saks Fifth Avenue
lors d'un gala de bienfaisance
pour amfAR, / at Saks Fifth
Avenue for amfAR Benefit,
New York Daily News, 1993.

161 (page précédente)
Emil Larsson, *Diana Ross*,
2022.
Bustier-corset en velours
capitonné à petits paniers,
orné de pierreries et cristaux /
Padded velvet strapless corset
with small panniers, adorned
with gemstones and crystals,
collection *Hiver capitons*,
prêt-à-porter AH / FW 1993-1994.

162-163
Patrick McMullan, *Beyoncé*,
tournée mondiale *I Am...*, / *I Am...*
World Tour (New York), 2009.

164 (pages suivantes)
Pierre et Gilles, *Jeff Stryker*, 1991.
Photographie peinte, 105,5 ×
138 cm. / Painted photograph,
105.5 × 138 cm.

165
Emil Larsson, *Corset*, 2019.
Collection *Anniversaire des
20 ans*, prêt-à-porter AH / FW
1995-1996.
Body en métal orné de motifs
«diamants» en cristaux,
collaboration avec Jean-Pierre
Delcros. / Metal bodysuit
adorned with crystal 'diamond'
motifs, collaboration with
Jean-Pierre Delcros.

166
Paola Kudacki, *Céline Dion*
(Montréal), 2019.

168

167
Ali Mahdavi, *Naomi Watts,*
Madame Figaro, 2008.
Collection *Longchamps*,
prêt-à-porter PE / SS 1994.
Tailleur plissé en crêpe. /
Pleated crepe suit.

168
Ali Mahdavi, *Naomi Watts,*
Vogue Russia, 2012.
Collection *Les Méduses*, haute
couture AH / FW 1999-2000.

169
David LaChapelle, *Faye*
Dunaway: Day of the Locust,
1996, tirage jet d'encre /
pigment print.
Collection *Les Colonnes,*
prêt-à-porter PE / SS 1996.

170 (p. 201)
Bruce Weber, *Madonna, Life*
(couverture / cover), 1986.
Collection *Hiver russe,*
prêt-à-porter AH / FW 1986-1987.

171
Emma McIntyre, *Cardi B*
(Los Angeles), 2019.
Collection *Anniversaire des*
20 ans, prêt-à-porter AH / FW
1995-1996.
Crinoline en organza floqué
« panthère » bordée de plumes,
bikini en velours et body en
résille floquée « panthère » orné
de strass. / Leopard-flocked
organza crinoline bordered in
feathers, velvet bikini
and leopard-flocked net catsuit
adorned with rhinestones.

173

174

175

176

174-175
General Idea (AA Bronson,
Felix Partz, Jorge Zontal), *Carole
Pope & Kevan Staples*, 1980.
Tirage gélatino-argentique,
20,3 × 25,4 cm. / Gelatin silver
print, 20.3 × 25.4 cm.
Collection *Hiver des boîtes*,
prêt-à-porter AH / FW 1980-1981.

176
Douglas Brothers, *Neil Tennant
(Pet Shop Boys)*, pochette du
single «Being Boring», / 'Being
Boring' single cover, 1990.

178

179

177
Tony Viramontes, *Janet Jackson*, album *Control* / *Control* album, 1985.
Collection *Hiver tous les pops*, prêt-à-porter AH / FW 1985-1986.

178
Herb Ritts, *Cher, Vanity Fair*, 1990.
Collection *Superstar Diana Ross*, prêt-à-porter PE / SS 1991.

179
Ali Mahdavi, *Susanne von Aichinger*, 2017.
Collection *Hiver des anges – 10 ans*, prêt-à-porter AH / FW 1984-1985.
Robe-cape en mousseline de soie ornée de cristaux. / Silk chiffon cape gown adorned with crystals.

180
Thierry Le Goüès, *Magazine sans nom*, 1993.
Collection *Ritz*, haute couture AH / FW 1992-1993.

181
Stéphane Feugère, *Cardi B.,*
Thierry Mugler Couturissime,
vernissage, musée des Arts
décoratifs (Paris), 2021.
Collection *Anniversaire des*
20 ans, prêt-à-porter AH / FW
1995-1996.
Manteau en velours et satin
duchesse orné de plumes.
Fourreau en paillettes orné de
cristaux et de grenats. / Velvet
and duchesse satin evening
coat embellished with feathers
Sequin sheath adorned with
crystals and garnets.

182
Ellen von Unwerth, *Naomi*
Campbell, Rolling Stone, 1988.
Collection *Été africain*,
prêt-à-porter PE / SS 1988.
Body-short en crêpe stretch
orné de strass. / Stretch crepe
body short adorned with
rhinestones and rhinestones.

182

183

183
Thierry Le Gouès, *Jeff Stryker*
(Paris), *Magazine sans nom*, 1991.
Collection *Music-hall*,
prêt-à-porter AH / FW 1990-1991.

184-185
Ellen von Unwerth, *Eva
Herzigová, Vogue Italy*, 1992.
Collection *Les Cow-Boys*,
prêt-à-porter PE / SS 1992.
Guêpière et gants à pampilles
ornés de pierres et de cristaux,
collaboration avec Mr Pearl. /
Pendant-beaded corselet and
gloves adorned with gemstones
and crystals, collaboration with
Mr Pearl.

185

186
Ahmad Barber & Donté Maurice,
Cardi B, Interview, 2021.
Collection *Les Méduses*, haute
couture AH / FW 1999-2000.

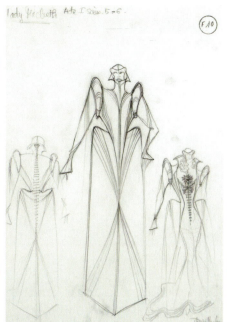

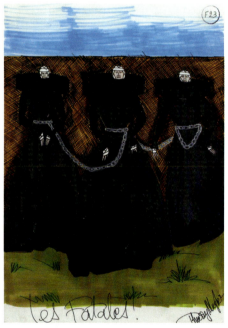

187
Nicolas Ruel, *Lady Macbeth*
(Musée des beaux-arts de
Montréal), 2019.
Robe à baleines en toile de
coton enduite de latex, /
Latex-coated cotton boned
gown, 1985.

188-189
Thierry Mugler, *La Tragédie
de Lady Macbeth*, croquis de
costumes, / costume sketches,
essayage / fitting, 1985.
Collections de la Comédie-
Française.

SHAKESPEARE MUGLÉRISÉ

À la fin du XIXᵉ siècle, les couturiers conçoivent leurs nouveaux modèles pour qu'ils soient portés sur scène par les grandes actrices; ces dernières les font ainsi connaître en les présentant en mouvement. À l'instar des réseaux sociaux, des spectacles et des magazines d'aujourd'hui, les théâtres peuvent, à l'époque, lancer une tendance. Citons pour exemple la comédienne Sarah Bernhardt, qui était habillée par Charles Frederick Worth, pionnier de la haute couture, ainsi que par le couturier Jacques Doucet et son jeune assistant, Paul Poiret; ou encore Jeanne Granier, qui portait des ensembles signés Jeanne Paquin. Cette stratégie est plus tard employée par Coco Chanel, qui utilise les ballets comme vitrines, ainsi que par Hubert de Givenchy et Yves Saint Laurent, qui font de vedettes de cinéma les ambassadrices de leur marque. Comme de nombreux couturiers, Mugler crée des costumes de scène, notamment ceux de *La Tragédie de Macbeth* produite en 1985 par la Comédie-Française, du spectacle *Zumanity* présenté par le Cirque du Soleil à Las Vegas, de sa propre revue *Mugler Follies*, et de son spectacle *The Wyld*, à Berlin. Il invite la mode des années 1980 sur scène; les looks de superhéros imaginés par Mugler ne sont pas là que pour l'allure: ils donnent aux acteurs une stature; dans leurs costumes, sur lesquels des muscles ont été surpiqués ou peints en trompe-l'œil, les interprètes plastronnés prennent l'aspect d'imposants guerriers médiévaux. Pour *Macbeth*, Mugler se voit accorder le plus imposant

189

budget de l'histoire de la Comédie-Française, fondée en 1680. Sur une période de plus de cinq mois, il conçoit plus de soixante-dix costumes et accessoires pour les vingt-six acteurs de la pièce. Pour les ateliers de l'institution, certaines méthodes de confection se révèlent inédites et surprenantes. La première de la pièce, mise en scène par Jean-Pierre Vincent, a lieu en juillet 1985 au Festival d'Avignon. Des représentations sont données sept soirs de suite sur la scène en plein air de la cour d'honneur du palais des Papes. Le spectacle est ensuite joué à Paris à l'automne 1985 et au printemps 1986.

La sombre tragédie, dont la toute première représentation avait été donnée vers 1610, a pour cadre l'Écosse médiévale, où le général Macbeth revient victorieux d'une campagne militaire. Trois sorcières croisent sa route et lui prédisent qu'il deviendra roi. Hanté par cette prophétie, Macbeth commet une série de meurtres avec l'aide de sa femme, Lady Macbeth, dans le but d'usurper le trône, ce qui le conduit à perdre l'esprit et la vie. L'œuvre, réputée maudite, est renommée «la pièce écossaise» ou, en référence au surnom de Shakespeare, «la pièce du barde anglais»: encore aujourd'hui, dans les théâtres britanniques, on remplace le nom des personnages principaux par les expressions

«le roi écossais» et «la reine écossaise». Mugler, qui connaît ces superstitions, y est préparé. Lors de la première, après quarante-cinq jours de répétitions, dont huit générales, une tempête d'une rare violence s'abat sur le lieu de la représentation. Le mistral emporte la robe dorée recouvrant le vertugadin large de 2,5 mètres porté par Lady Macbeth, dont le devant constitué de panneaux superposés devait permettre à l'actrice de s'en extraire, au moment prévu, pour se révéler dans une fragile chemise de nuit de mousseline couleur menthe, alors que sa robe tombait en arrière. Mugler explique qu'il souhaitait montrer Lady Macbeth comme «une simple, faible femme, humaine, et qui craque la première[1]». C'est pourquoi l'impressionnante structure métallique autoportante de la robe qui enferme la redoutable Lady Macbeth, telle une prison dorée, s'ouvre sur le devant: la reine déchue apparaît alors, dépouillée de sa cuirasse étincelante et de ses hautes chaussures à semelle compensée, vêtue d'une simple robe de mousseline. Les trois sorcières, enchaînées ensemble et engoncées dans leurs collerettes de satin blanc tout droit sorties d'un tableau de Frans Hals, ont le crâne rasé – traditionnellement, la punition et l'humiliation suprêmes pour les femmes. Leurs robes Renaissance ont été soigneusement mises en lambeaux, et du silicone noir fondu crée l'illusion qu'elles ont brûlé au contact des fagots incandescents qu'elles apportent sur la scène.

Les gardes ont des épées figurant des flammes et portent des épaulières, des plastrons, des tassettes et des cuissards en résine moulée, peints à la main, qui rappellent les plastrons «anatomiques» de Mugler arborés par la muse du créateur, Jerry Hall, lors du défilé de sa collection automne-hiver 1979-1980. Avec leurs clous, leurs ornements, leur armature, leurs volumineux tissus et leur vertugadin, certains des costumes pèsent plus de 15 kilos. L'un d'eux doit être remplacé, car l'actrice qui incarne le personnage de Lady Macbeth, Catherine Ferran, ne peut le porter. Il faut également renoncer à une spectaculaire robe cloutée en satin duchesse après une seule utilisation: en effet, le poids et la complexité de la tenue requièrent au moins une minute quarante secondes pour le changement de costume, alors que l'actrice ne dispose que de quarante-cinq secondes.

Dans la représentation virtuelle intitulée *La Dissolution de Lady Macbeth*, créée par l'artiste multidisciplinaire canadien Michel Lemieux pour 4D Art, à l'occasion de l'exposition *Thierry Mugler. Couturissime*, la reine somnambule, en proie à des remords de plus en plus dévorants, est obsédée par le sang imaginaire sur ses mains et sombre lentement dans la folie. ★

n the late nineteenth century, dressmakers would prepare their new designs to be worn on stage by the greatest actresses, where they could be best showcased and seen in movement. Just like today's social media, shows and magazines, theatres could launch a trend: examples include Sarah Bernhardt, who was dressed by haute couture pioneer Charles Frederick Worth, couturier Jacques Doucet and his young assistant Paul Poiret; and Jeanne Granier, who wore ensembles by Jeanne Paquin. This strategy was later used by Coco Chanel in ballets, and also by Hubert de Givenchy and Yves Saint Laurent who turned the stars of the silver screen into brand ambassadors. Like many great couturiers, Mugler has designed stage costumes, notably those for a 1985 French production of *Macbeth*, the Cirque du Soleil's *Zumanity* production in Las Vegas, his own Paris cabaret *Mugler Follies*, and his show *The Wyld* in Berlin. For *Macbeth*, 1980s fashion would come on stage: Mugler's superhero looks would be more than just an effect; they would also give the actors stature, and the appearance of imposing medieval warriors with muscles created by trompe l'oeil stitching and painting on breast plates. For *Macbeth*, Mugler was given the largest budget in the history of the Comédie-Française since its founding in 1680. Over five months, he designed more than

190

seventy costumes and accessories for the play's twenty-six actors. This presented an unusual challenge for the institution's ateliers, who were accustomed to create more conventional costumes. Directed by Jean-Pierre Vincent, *Macbeth* premiered at the Festival d'Avignon in July 1985 for a seven-night run on the open-air stage of the Palais des Papes' Cour d'honneur. It was later presented in Paris in the fall of 1985 and spring of 1986.

First performed around 1610, the dark tragedy recounts the story of Macbeth, a victorious military commander in medieval Scotland. Three witches who cross his path predict that he will become king. Consumed by the prophecy, he instigates a series of crimes with his wife, Lady Macbeth, in order to usurp the throne; in the end, he loses both his sanity and his life. 'The Scottish play', as it is called, or in a nod to Shakespeare's nickname, 'the Bard's play', is surrounded by superstition and fear of a curse: to this day, in British theatres, the main characters are still referred to as the *Scottish King* and the *Scottish Lady* to avoid saying their names. Mugler, well aware of this superstition, was ready. At the premiere, after forty-five days of rehearsal and

eight full dress rehearsals, the audience was taken by surprise by the extreme weather conditions caused by a storm. The mistral blew up in the air the gold gown covering the two-metre wide farthingale worn by Lady Macbeth with a frontal opening made with overlapping panels, which allowed her to step out of it to reveal a fragile mint chiffon nightgown, with the dress falling back in a perfect timing as if it had been staged. Mugler explained that he wanted to show that Lady Macbeth actually is a 'simple, weak woman, human, the first to fall down'! Truly a golden cage, with its impressive self-supporting metal structure, the gleaming boned gown of the formidable Lady Macbeth opened from the front to reveal the deposed queen, clothed in a simple chiffon dress, bereft of her high platform shoes. The three witches, chained together and encased in Frans Hals-esque pleated white satin ruffs, had shaven heads, which was traditionally the ultimate punishment and humiliation for women. Their Renaissance-style gowns were carefully distressed, with melted black silicone creating the burnt effect of the blazing bundles of sticks they were holding on stage.

Guards had swords that looked like flames, hand-painted moulded resin shoulder guards, breastplates, codpieces and cuisses, reminiscent of the Mugler anatomical breastplates worn by his muse Jerry Hall on the runway for his fall-winter 1979 collection. With their studs, embellishments, boning, bulky fabrics and farthingales, some of these costumes weighed over fifteen kilograms. One of them had to be replaced because it could not be worn by the lead actress, Catherine Ferran, who played Lady Macbeth. There was also a spectacular handcrafted, metal-studded duchesse satin gown that had to be shelved after a single use because its weight and complexity required at least one minute and forty seconds for the costume change, whereas the actress only had forty-five seconds.

In the virtual presentation *The Incandescence of Lady Macbeth*, created by Canadian multidisciplinary artist Michel Lemieux of 4D Art for the exhibition *Thierry Mugler. Couturissime*, the sleepwalking queen, increasingly overwhelmed with feelings of remorse, is haunted by the blood she imagines on her hands and slowly descends into madness. ★

191

192

193

190-193
Jean-François Gratton, *La Dissolution de Lady Macbeth*, création de Michel Lemieux (4D Art) pour l'exposition *Thierry Mugler. Couturissime,* / *The Disappearance of Lady Macbeth*, created by Michel Lemieux (4D Art) for the exhibition *Thierry Mugler. Couturissime* (Montréal), 2019.

Naissance à Strasbourg, en France.

1962

Le jeune Mugler rejoint le ballet de l'Opéra national du Rhin, avec lequel il tourne pendant six ans en tant que danseur classique professionnel. Il étudie parallèlement à l'École supérieure des arts décoratifs de Strasbourg. C'est à cette époque qu'il commence à créer ses propres vêtements et à définir son style.

1967

Mugler déménage à Paris pour auditionner auprès de troupes de ballet contemporain. Il comprend rapidement qu'il peut vivre du métier de styliste de mode et, très vite, vend ses croquis aux marques Dorothée Bis et Cacharel. Embauché par Gudule, le premier *concept store* de Paris situé rue de Buci, il crée un nouveau style avec des manteaux ultralongs et des carrures extrêmes : un succès immédiat. Installé entre Londres et Amsterdam, il travaille durant sept ans comme styliste indépendant pour diverses maisons de prêt-à-porter à Paris, Londres, Milan et Barcelone.

1973

Il signe la collection initiale de sa première marque, *Café de Paris*. Ses vêtements se vendent dans la boutique Créateurs et Industriels, rue de Rennes à Paris, conçue par l'architecte d'intérieur française Andrée Putman et l'homme d'affaires Didier Grumbach. Avec Alain Caradeuc, il fonde la société Thierry Mugler.

1976

L'Allemand Helmut Newton photographie la première campagne publicitaire de Thierry Mugler. Sur les conseils de Pierre Bergé, Didier Grumbach s'intéresse à Mugler : de 1978 à 1998, il est associé et président de la marque Thierry Mugler, alors qu'il produit également le prêt-à-porter de Valentino, Saint Laurent, Lanvin et Chanel. Grumbach propose Michel Douard comme directeur général la même année.

1978

Mugler photographie pour la première fois sa propre campagne publicitaire. Il ouvre sa première boutique au 10, place des Victoires, à Paris, et crée les tenues des serveurs de la discothèque parisienne le Palace.

1979

David Bowie affiche une robe sirène à paillettes Mugler dans son clip «Boys Keep Swinging». Le chanteur porte des vêtements Mugler tout au long de sa carrière.

1984

Au Zénith de Paris, Mugler célèbre le 10e anniversaire de sa maison de couture avec un défilé-spectacle ouvert au public qui présente 350 tenues et auquel assistent 6 000 personnes.

1985

Le créateur conçoit les costumes de la comédie musicale *Émilie Jolie* et ceux de l'opéra *Nuits d'été*, composé par Jacques Lenot. Il produit pendant douze ans les costumes de l'humoriste Sylvie Joly pour ses spectacles. Il réalise les costumes de *La Tragédie de Macbeth* de Shakespeare produite à la Comédie-Française. Le ministre de la Culture Jack Lang fait scandale en se présentant à une séance de l'Assemblée nationale avec un costume noir à col Mao signé Mugler, dérogeant au traditionnel port de cravate.

1987

Mugler réalise le court métrage *L'Antimentale*, avec sa muse Dauphine de Jerphanion et le boxeur Stéphane Ferrara, sur une musique de Gabriel Yared.

1988

Le livre *Thierry Mugler, photographe* est publié aux éditions du Regard (préfacé par Jack Lang).

1989

Mugler crée les costumes de Mylène Farmer pour sa première grande tournée, « Tour 89 ».

1990

Il réalise quatre courts métrages pour Canal +, dont chacun met en vedette une actrice différente : Juliette Binoche (*Le Procès de Jeanne d'Arc*), Isabelle Huppert (*La Voix humaine*), Viktor Lazlo (*C'est ma faute*) et Dauphine de Jerphanion (*Marie-Antoinette au temple*). Il dirige également sa première publicité télé pour les cigarettes Gauloises.

1992

Mugler dévoile sa première collection haute couture. Il scénarise et réalise le clip « Too Funky » de George Michael. Il présente également un défilé à Los Angeles pour l'APLA (AIDS Project Los Angeles) et lance son premier parfum, *Angel*.

1993

Le couturier devient le premier créateur français à être propriétaire de ses propres usines de fabrication ultramodernes, où est confectionné son prêt-à-porter haut de gamme. Il organise un défilé au bénéfice de l'amfAR au Saks Fifth Avenue, à New York ; Diana Ross en est le mannequin vedette. Il présente un défilé à Vienne pour le premier Life Ball.

1994

Mugler fait une apparition dans le film *Prêt-à-porter* de Robert Altman.

1995

Il conçoit le numéro d'ouverture des VH1 Fashion Awards.

1996

Il commercialise son premier parfum masculin, *A*Men*.

1997

Il devient membre invité de la Chambre syndicale de la haute couture parisienne. Le groupe Clarins acquiert la majorité des parts de la maison Thierry Mugler.

2002

Le créateur quitte sa propre maison de couture pour se consacrer à d'autres projets artistiques. Il se nomme désormais Manfred T. Mugler.

2003–2020

Il signe les costumes du spectacle *Zumanity*, présenté à Las Vegas par le Cirque du Soleil.

2005

Mugler lance le parfum *Alien*.

2008

Mugler signe les costumes du spectacle *Arias With a Twist* écrit par Joey Arias et Basil Twist et présenté à New York.

2009

Il crée les costumes de scène de Beyoncé pour sa tournée mondiale « I Am... ». Il participe également à la chorégraphie et à la direction artistique.

2013–2015

Il crée la revue *Mugler Follies* au théâtre Comédia à Paris.

2014–2016

Le créateur s'installe à Berlin et y assure la mise en scène du spectacle *The Wyld*, au Friedrichstadt-Palast.

2019

Mugler est chargé de la création des costumes et de la direction artistique du ballet *McGregor + Mugler*, au London Coliseum.

2020

L'Oréal fait l'acquisition des divisions parfums et mode de la maison Mugler.

2019–2023

L'exposition *Thierry Mugler. Couturissime* est conçue et produite par le musée des Beaux-Arts de Montréal ; elle tourne ensuite au Kunsthal de Rotterdam, à la Kunsthalle de Munich, au musée des Arts décoratifs de Paris et au Brooklyn Museum. Plus d'un million de personnes avaient visité l'exposition à la fin de la présentation parisienne.

2022

Décès du créateur à Paris le 23 janvier.

Born in Strasbourg, France.

1962

The young Mugler joins the Ballet de l'Opéra national du Rhin, and tours with the company for six years as a professional dancer in classical and character roles. He studies at École supérieure des arts décoratifs in Strasbourg and starts making his own clothes and defining his style.

1967

Mugler moves to Paris to audition for contemporary ballet companies. During his first week there, he realizes that fashion design could be his livelihood, and very quickly sells his sketches to Dorothée Bis and Cacharel. Hired by the first concept store in Paris, Gudule, located on Rue de Buci, he creates a new style with his first maxi coats and extremely broad-shouldered silhouettes, which meet with immediate success. He becomes a freelance stylist for various houses, working in Paris, London, Milan and Barcelona for seven years while sharing his home between London and Amsterdam.

1973

He creates the initial collection for his first label, Café de Paris. His clothes are sold in the Créateurs & Industriels concept store on Rue de Rennes in Paris conceived by the French interior designer Andrée Putman and businessman Didier Grumbach. Along with Alain Caradeuc, he founds the Thierry Mugler company in a small studio.

1976

The German photographer Helmut Newton photographs the first Thierry Mugler advertising campaign. On the advice of Pierre Bergé, Didier Grumbach takes an interest in Mugler: while also producing Valentino, Saint Laurent, Lanvin and Chanel ready-to-wear garments, he becomes partner of the Thierry Mugler label, of which he will be president from 1978 to 1998. Grumbach will propose Michel Douard become chief executive the same year.

1978

Mugler creates his first advertising campaign as a photographer. He opens his first boutique at 10 Place des Victoires in Paris and designs the uniforms for the waiters at Le Palace discotheque in Paris.

1979

David Bowie wears a Mugler mermaid-style sequin gown in his music video for 'Boys Keep Swinging'. The singer will go on to wear Mugler's creations throughout his career.

1984

Mugler celebrates the tenth anniversary of his fashion house with a show open to the public at the Zénith in Paris. Six thousand people attend the fashion extravaganza, where 350 different outfits are showcased.

1985

Mugler designs costumes for the musical *Émilie Jolie* and for the opera *Nuits d'été* composed by Jacques Lenot. He begins designing costumes for French actress and comedian Sylvie Joly, a collaboration that will last twelve years. He is also the costume designer for Shakespeare's *Macbeth* at the Comédie-Française. French Minister of Culture Jack Lang sparks a scandal by appearing at a sitting of the National Assembly in a Mugler-designed black suit with Mao collar, departing from the institution's traditional wearing of a tie.

1987

He directs *L'Antimentale*, a short film featuring his muse Dauphine de Jerphanion and boxer Stéphane Ferrara, with music by Gabriel Yared.

1988

Publication of the book *Thierry Mugler: Photographer*.

1989

He does the costume design for French singer Mylène Farmer's first tour, *Tour 89*.

1990

Mugler directs for Canal+ four short films, each one featuring a different actress: Juliette Binoche (*The Trial of Joan of Arc*), Isabelle Huppert (*The Human Voice*), Viktor Lazlo (*Put the Blame on Me*) and Dauphine de Jerphanion (*Marie-Antoinette at the Temple*). He also directs his first television advertisement for Gauloises cigarettes.

1992

Mugler launches his first haute couture collection. He scripts and directs pop star George Michael's music video for the song 'Too Funky'. He also presents a fashion show in Los Angeles for APLA (AIDS Project Los Angeles). The first Mugler fragrance, *Angel*, is created.

1993

Mugler becomes the first French designer to be the proprietor of his own, state-of-the-art production facilities for his high-end ready-to-wear clothing. He organizes a benefit fashion show starring Diana Ross for amfAR at Saks Fifth Avenue in New York. He presents a fashion show in Vienna for the first Life Ball.

1994

He makes a cameo appearance in the film *Ready to Wear* by Robert Altman.

1995

Mugler creates the concept for the opening number of the VH1 Fashion Awards.

1996

Launch of *A*Men*, the first Mugler fragrance for men.

1997
He becomes an invited member of Paris's Chambre syndicale de la haute couture. Clarins Group acquires the majority share in Maison Thierry Mugler.

2002
He leaves his own couture house to focus on other artistic projects. He is now called *Manfred* T. Mugler.

2003–2020
He designs the costumes for the Cirque du Soleil's *Zumanity* show in Las Vegas.

2005
Launch of the fragrance *Alien*.

2008
He creates the costumes for the New York show *Arias With a Twist* written by Joey Arias and Basil Twist.

2009
He designs the stage costumes for Beyoncé's *I Am...* world tour and collaborates in the choreography and artistic direction of the tour.

2013–2015
He creates the *Mugler Follies* at the Comédia theatre in Paris.

2014–2016
He directs *The Wyld*, a show presented at Berlin's Friedrichstadt-Palast, and settles in Berlin.

2019
He realizes the costumes and art direction for the ballet *McGregor + Mugler*, which premieres at the London Coliseum.

2020
L'Oréal acquires the Mugler fashion and perfume brands.

2019–2023
The exhibition *Thierry Mugler: Couturissime*, developed and produced by the Montréal Museum of Fine Arts, travels the world, making stops at Kunsthal Rotterdam, Hypo-Kunsthalle Munich, at the Musée des Arts Décoratifs in Paris and at the Brooklyn Museum. When the exhibition closed in Paris, more than one million people had visited the exhibition.

2022
Mugler dies in Paris on January 23rd.

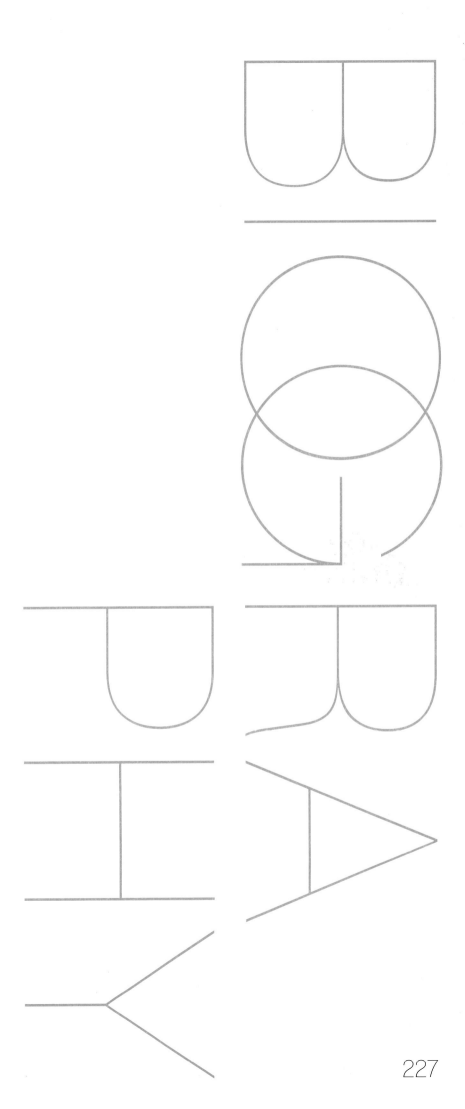

194
Daniel Torres, *Illustrations*
Vogue France, 1989.
Collection *Hiver Buick*, prê
à-porter AH / FW 1989-199(

NOTES

LE BESTIAIRE FANTASTIQUE DU COUTURIER

[1] Nathalie Bondil, «Monsieur Mugler aux frontières du réel: "Ma seule vraie vocation, c'est le spectacle"», dans *Thierry Mugler couturissime*, Montréal / Londres, MBAM / Phaidon, 2019, p. 22.

[2] Entretien de Thierry Mugler avec Thierry-Maxime Loriot, Berlin, 2018.

[3] Entretien de Mr Pearl avec Thierry-Maxime Loriot, Berlin, 2018.

RÉVOLUTION GYNOÏDE

[1] Sauf mention contraire, les citations de ce texte proviennent d'un entretien de Thierry Mugler avec Thierry-Maxime Loriot réalisé à Berlin en 2018.

[2] Tippi Hedren, «Thierry Mugler Bares All», *Interview*, juin 2019.

UNE MODE D'AVANT-GARDE ET INTEMPORELLE

[1] Entretien de Thierry Mugler avec Thierry-Maxime Loriot, Berlin, 2018.

[2] «Suivez les guides de 1980», *Vogue Paris*, août 1980, p. 276.

[3] Déclaration de M. François Mitterrand, président de la République, à l'occasion de la réception offerte en l'honneur des créateurs de mode, Paris, palais de l'Élysée, mercredi 17 octobre 1984. Disponible sur: https://www.elysee.fr (consulté le 12 avril 2021).

INNOVATIONS OLFACTIVES

[1] Sauf mention contraire, les citations de ce texte proviennent d'un entretien de Thierry Mugler avec Thierry-Maxime Loriot réalisé à Berlin en 2018.

[2] Patrick McCarthy, «Thierry Mugler Futuristic Fashion Troubadour», *Women's Wear Daily*, 22 octobre 1979.

[3] Entretien de Jean-Jacques Urcun avec Thierry-Maxime Loriot, 2018.

[4] Stéphane Leduc, «Carte Blanche: Thierry Mugler», *Dress to Kill*, mai 2020.

GLAMAZONES ET GUERRIÈRES MODERNES

[1] «Portfolio», *Vogue Paris*, nº 973, invité d'honneur Karl Lagerfeld, décembre 2016-janvier 2017, p. 189.

BRISER LES CODES

[1] Tippi Hedren, «Thierry Mugler Bares All», *Interview*, juin 2019.

[2] *Ibid.*

[3] Linda Nochlin citée par Holly Brubach dans «Whose Vision Is It, Anyway?», *The New York Times Magazine*, 17 juillet 1994.

QUINTESSENCE DE L'ESTHÉTIQUE POP 90

[1] Liam Freeman, «"You Have to Be Brave to Be Happy": Thierry Mugler on His Quest for True Beauty», *Vogue UK*, 7 avril 2020.

[2] Laird Borrelli-Persson, «"Moulin Rouge Meets Vegas!" An Oral History of George Michael's 1992 "Too Funky" Video», *Vogue US*, 25 décembre 2016.

LA MODE MISE EN SCÈNE

[1] Entretien de Thierry Mugler avec Thierry-Maxime Loriot, Berlin, 2018.

[2] Tippi Hedren, «Thierry Mugler Bares All», *Interview*, juin 2019.

[3] Jeanne Becker, «La mode mise en scène par Mugler», *Thierry Mugler. Couturissime*, Montréal/Londres, MBAM/Phaidon, 2019, p. 82.

SHAKESPEARE MUGLÉRISÉ

[1] Dorothée Lalanne, «Thierry Mugler et Macbeth», *Vogue Paris*, septembre 1985, p. 172.

THE COUTURIER'S FANTASY BESTIAR

[1] 'Monsieur Mugler at the Frontier of Reality: "My Only True Vocation is the Stage"' by Nathalie Bondil, Thierry Mugler Couturissime, 2019, MBAM/Phaidon, p. 22.

[2] Thierry Mugler's interview with Thierry-Maxime Loriot, Berlin, 2018.

[3] Mr Pearl's interview with Thierry-Maxime Loriot, Berlin, 2018.

FEMBOT REVOLUTION

[1] Unless otherwise noted, the quotes in this text come from an interview of Thierry Mugler with Thierry-Maxime Loriot conducted in Berlin in 2018.

[2] 'Thierry Mugler Bares All' by Tippi Hedren, *Interview magazine*, June 2019.

AVANT-GARDE AND TIMELESS FASHION

[1] Interview with Thierry Mugler, Berlin, 2018.

[2] 'Suivez le guide de 1980', Thierry Mugler, *Vogue Paris*, août 1980, p. 276.

[3] *Déclaration de M. François Mitterrand, président de la République, à l'occasion de la réception offerte en l'honneur des créateurs de mode, Paris, palais de l'Élysée, mercredi 17 octobre 1984.* Available on the website https://www.elysee.fr.

OLFACTIVE INNOVATIONS

[1] Unless otherwise noted, the quotes in this text come from an interview of Thierry Mugler with Thierry-Maxime Loriot conducted in Berlin in 2018.

[2] Patrick McCarthy, 'Thierry Mugler Futuristic Fashion Troubadour', *Women's Wear Daily*, October 22, 1979.

[3] Jean-Jacques Urcun's interview with Thierry-Maxime Loriot, 2019.

[4] 'Carte Blanche: Thierry Mugler' by Stéphane Leduc, *Dress to Kill*, May 2020.

GLAMAZONS AND MODERN WARRIORS

[1] 'Portfolio', *Vogue Paris*, n° 973, Special Guest Karl Lagerfeld, December 2016 / January 2017, p. 189.

BREAKING THE CODES

[1] 'Thierry Mugler Bares All' by Tippi Hedren, *Interview magazine*, June 2019.

[2] *Ibid.*

[3] Linda Nochlin quoted in 'Whose Vision Is It, Anyway?' By Holly Brubach, *The New York Times Magazine*, July 17, 1994.

QUINTESSENCE OF THE 90'S POP AESTHETIC

[1] '"You Have To Be Brave To Be Happy": Thierry Mugler on His Quest for True Beauty' by Liam Freeman, April 7, 2020, *Vogue UK*.

[2] Laird Borrelli-Persson, '"Moulin Rouge Meets Vegas!" An Oral History of George Michael's 1992 "Too Funky" Video', *Vogue US*, December 25, 2016.

STAGING FASHION

[1] Thierry Mugler's interview with Thierry-Maxime Loriot, Berlin, 2018.

[2] 'Thierry Mugler Bares All' by Tippi Hedren, *Interview magazine*, June 2019.

[3] 'Mugler's Theather of Fashion' by Jeanne Becker, *Thierry Mugler Couturissime*, MBAM/Phaidon, 2019, p. 82.

SHAKESPEARE MUGLERIZED

[1] 'Thierry Mugler and Macbeth' by Dorothée Lalanne, *Vogue Paris*, September 1985, p. 172.

COLLECTIONS

Prêt-à-porter PE / SS 1973, *Café de Paris*

Prêt-à-porter AH / FW 1973-1974, *Body Conscious*

Prêt-à-porter PE / SS 1974, *Retour à Paris*

Prêt-à-porter AH / FW 1974-1975, *Balkans*

Prêt-à-porter PE / SS 1975, *Constructions d'été*

Prêt-à-porter AH / FW 1975-1976, *Étoile d'hiver*

Prêt-à-porter PE / SS 1976, *Leggings Under Dresses*

Prêt-à-porter AH / FW 1976-1977, *Amazones des neiges*

Prêt-à-porter PE / SS 1977, *Mugler Race*

Prêt-à-porter AH / FW 1977-1978, *Hiver bronze*

Prêt-à-porter PE / SS 1978, *Les Beaux Fruits de l'été*

Prêt-à-porter AH / FW 1978-1979, *Hiver militaire*

Prêt-à-porter PE / SS 1979, *Sirène galactique*

Prêt-à-porter AH / FW 1979-1980, *Spirale futuriste*

Prêt-à-porter PE / SS 1980, *Les Déchiquetés*

Prêt-à-porter AH / FW 1980-1981, *Hiver des boîtes*

Prêt-à-porter PE / SS 1981, *Les Voleuses*

Prêt-à-porter AH / FW 1981-1982, *Dali chicos*

Prêt-à-porter PE / SS 1982, *Contes en fleurs*

Prêt-à-porter AH / FW 1982-1983, *Les Secrétaires*

Prêt-à-porter PE / SS 1983, *Marie python*

Prêt-à-porter AH / FW 1983-1984, *Velours et Passion*

Prêt-à-porter PE / SS 1984, *Été olympique*

Prêt-à-porter AH / FW 1984-1985, *Hiver des anges – 10 ans*

Prêt-à-porter PE / SS 1985, *Été pop*

Prêt-à-porter AH / FW 1985-1986, *Hiver tous les pops*

Prêt-à-porter PE / SS 1986, *Été Sahara*

Prêt-à-porter AH / FW 1986-1987, *Hiver russe*

Prêt-à-porter PE / SS 1987, *Été des jeunes filles*

Prêt-à-porter AH / FW 1987-1988, *Les Aviateuses*

Prêt-à-porter PE / SS 1988, *Été africain*

Prêt-à-porter AH / FW 1988-1989, *Les Infernales*

Prêt-à-porter PE / SS 1989, *Les Atlantes*

Prêt-à-porter AH / FW 1989-1990, *Hiver Buick*

Prêt-à-porter PE / SS 1990, *Été Hawaii*

Prêt-à-porter AH / FW 1990-1991, *Music-hall*

Prêt-à-porter PE / SS 1991, *Superstar Diana Ross*

Prêt-à-porter AH / FW 1991-1992, *Hiver Shiva surréaliste*

Prêt-à-porter PE / SS 1992, *Les Cow-Boys*

Haute couture AH / FW 1992-1993, *Ritz*

Prêt-à-porter PE / SS 1993, *Campagne*

Prêt-à-porter AH / FW 1993-1994, *Hiver capitons*

Prêt-à-porter PE / SS 1994, *Longchamps*

Prêt-à-porter AH / FW 1994-1995, *Pré-hiver*

Prêt-à-porter AH / FW 1994-1995, *Quaker Splash*

Prêt-à-porter PE / SS 1995, *Raffia, etc.*

Prêt-à-porter AH / FW 1995-1996, *Anniversaire des 20 ans*

Prêt-à-porter PE / SS 1996, *Les Colonnes*

Prêt-à-porter AH / FW 1996-1997, *Les Amazones*

Prêt-à-porter PE / SS 1997, *Les Gauchos*

Haute couture PE / SS 1997, *Les Insectes*

Prêt-à-porter AH / FW 1997-1998, *Moyen Âge*

Haute couture AH / FW 1997-1998, *Chimère*

Prêt-à-porter PE / SS 1998, *«Soie» toi-même*

Haute couture PE / SS 1998, *Jeu de Paume*

Prêt-à-porter AH / FW 1998-1999, *Les Trois Lignes*

Prêt-à-porter AH / FW 1998-1999, *Lingerie Revisited*

Haute couture AH / FW 1998-1999, *As Big as the Ritz*

Prêt-à-porter PE / SS 1999, *Les Salades*

Haute couture PE / SS 1999, *Les Tranchés*

Prêt-à-porter AH / FW 1999-2000, *La Vie en rose*

Haute couture AH / FW 1999-2000, *Les Méduses*

Prêt-à-porter PE / SS 2000, *Les Saris*

Prêt-à-porter AH / FW 2000-2001, *Les Chats*

Prêt-à-porter PE / SS 2001, *Les Solarisées*

Prêt-à-porter AH / FW 2001-2002, *Les Fauves*

PE / SS : Printemps-Été – Spring-Summer
AH / FW : Automne-Hiver – Fall-Winter

195
Thierry Mugler, *Axelle,*
palais du CNIT (Paris), 1984.

Quatrième de couverture /
back cover
Emil Larsson, *Corset,* 2018.
Collection *Les Insectes,*
haute couture PE / SS 1997.
Bustier «lys» *en cristaux*
Swarovski, collaboration
avec Robert Goossens.
/ Swarovski crystal 'Lily'
bustier, collaboration with
Robert Goossens.

CRÉDITS
PHOTOGRAPHIQUES

Cet ouvrage a été achevé d'imprimer en octobre 2022 sur les presses de l'imprimerie EBS, à Vérone.
La photogravure a été réalisée par Fotimprim, à Paris.
Dépôt légal : novembre 2022
Imprimé en Italie